人民交通出版社成立60周年纪念丛书之二

1952~2012

我们共同走过

征文集

人民交通出版社
China Communications Press

图书在版编目(CIP)数据

我们共同走过·征文集／人民交通出版社编著.
—北京：人民交通出版社，2012.12
ISBN 978-7-114-10208-0

Ⅰ.①我… Ⅱ.①人… Ⅲ.①出版社-北京市-纪念文集 Ⅳ.①G239.22-53

中国版本图书馆CIP数据核字(2012)第274259号

书　　名：我们共同走过·征文集
著 作 者：人民交通出版社
责任编辑：乔文平
出版发行：人民交通出版社
地　　址：(100011)北京市朝阳区安定门外外馆斜街3号
网　　址：http://www.ccpress.com.cn
销售电话：(010)59757969,59757973
总 经 销：人民交通出版社发行部
经　　销：各地新华书店
印　　刷：北京市凯鑫彩色印刷有限公司
开　　本：880×1230　1/16
印　　张：12.75
字　　数：403千
版　　次：2012年12月　第1版
印　　次：2012年12月　第1次印刷
书　　号：ISBN 978-7-114-10208-0
定　　价：60.00元

《我们共同走过》证文集

编审委员会

写在前面

1952年12月8日人民交通出版社成立,至今已整整60年。为了纪念这个日子,我们把《我们共同走过》这本文集献给她,作为60周年生日的贺礼。本文集从征稿到成书近一年的时间,期间我们得到众多的同事同仁的支持与帮助,在编辑文稿的过程中,我们受到的是教育,感到的是温暖,得到的是力量。

我们从众多的来稿中选择50篇编辑入册,出发点是文章形式多样,兼顾作者年龄不同和工作领域的不同,力图多角度、多层面以多种形式反映人民交通出版社60年来各个历史阶段的生长状态以及一代代交通出版人的所思所想所作所为,反映出普通交通出版人的精神面貌。

前辈的文章反映的是创业者的精神。在二十世纪五十年代初期,前辈们在艰苦的条件下白手起家,他们深知交通事业的发展需要大批的专业人才和大量的专业技术书籍,他们不能坐等,“有条件要上,没有条件创造条件也要上!”当时的他们,激情正浓,生命正旺。他们越过障碍,攻克难关,终于在一张白纸上勾勒出了人民交通出版社最初的蓝图。当初的创业者如今早已白发苍苍,有的甚至已不在人世。他们用自己的青春和生命打下了出版社的坚实地基。吃水不忘挖井人,人民交通出版社不会忘记他们,今天的交通出版人更不会忘记他们!

中年人是承上启下的一辈。从他们的文字里我们感到改革开放的春风是那么温暖，灰暗逝去，迎来曙光。他们如鱼得水，英雄有了用武之地。这些出版社的中坚力量赶上了交通出版行业的黄金时代。他们争分夺秒，他们钻研业务，他们出好书，为了出版社的发展他们拧成一股绳，有力出力，有智的献智，乐此不疲，乐在其中！名和利对他们来说可以有也可以没有，他们有的是大展宏图的豪迈。爽！为我们赶上好时代爽！为这一代人爽！

长江后浪推前浪。年轻人的笔墨泻出的是蓬勃的青春，它是跳跃的，是彩色的，是鲜活的，是想关都关不住的。面对青春，我们除了羡慕还是羡慕。80后的字里行间流露的是智慧，是知识，是活力，是当今天下舍我其谁的自信！千万不要以为他们年少轻狂不堪重任，仔细读他们的文字品味他们的思想和结合他们的行为，可以看出年青的一代不乏实干和责任。他们怀揣梦想，带着满脑子的新知识新主张加入到交通出版社的行列，就像一位年青人说的那样“小小鸟找到了大森林”。他们年轻，可谁不是从年轻走来？这是宝贵的新鲜血液，他们将用自己所学，以更开放的胸怀，更宽阔的视角，更包容的心态把人民交通出版社从60年带向百年辉煌！此时，我们只有真诚的祝福：祝大森林中的小小鸟飞得更高，更高！

阅读本征文，我们可以了解人民交通出版社从小到大由弱到强的发展历程，并印证了人民交通出版社60年无不与国家共命运共兴衰，与时代同进步。历史是财富，让我们顺着一位位作者的笔迹，打开财富的大门去寻求，我们怀着感恩的心在沉积了60年的宝藏中取我们所能取；历史是镜子，它照亮了人民交通出版社60年的来时每一步，我们虔诚地吸取前人的经验反省自己的得失，以使我们在未来的路程中走得更稳更好。

最后，让我们向曾经和现在的一代代交通出版人致敬！

开卷有益。

乔文平

目　录

我也真的很在乎

——听杨坤歌曲“真的很在乎”有感

杜　颖

“走过的时光就像一本书，每一步路途都写着感悟”。多少年，来不及细细阅读，因为我一直在赶路。

时值人民交通出版社建社60周年，也是我参加工作30年之际，又恰逢组织调我去交通运输部职业资格中心工作，此时听杨坤的“真的很在乎”，不禁心潮起伏，思绪万千……

30年的时光，我在出版社度过了17年。这17年是我职业生涯的绽放时期。17年前，我放弃了心爱的教师职业，以一名普通员工的身份来到出版社从事图书编辑工作。当时我对编辑二字识而不知，是汽车图书部那个团结友爱的集体敞开胸怀接纳了我，张开双臂拥抱了我。使我从一名编辑到中层干部，直至成长为出版社领导班子成员（9年副社长，3年党委副书记）。17年来，是出版社给了我成长的空间、发展的平台。

一路走来的17年，我有幸遇到了好领导、好同事、好朋友。是你们的理解与包容、关心与爱护,让我有所追求、有所实现。无论是我在工作中遇到困难,还是在生活中遇到烦恼,你们都会不遗余力地给我温暖和力量。

最难忘的是 2001 年 9 月,我遇上了人生中最重大的坎坷。不经意间,我被医生诊断患了“肺癌”。在那个谈“癌”色变的年代,面对死亡的威胁,我慌恐到了极点。是出版社的领导、同事、朋友给予我极大的鼓励和安慰,使我度过了人生中最最煎熬的日子。记得在我被抬上手术车,推进手术室的路上,是你们的一句“我们等着你”,使我坚信死神一定会离我而去,迎接我的一定是生的希望。手术后第二天,领导和同事们又纷纷来到病榻前,有的默默握着我的手,有的微笑着捋捋我的头发,有的轻轻捶着我的背,帮我训练呼吸,有的给我带来了营养品,有的耐心给我介绍术后养生常识。所有这些都坚定了我生的信心。在我出院在家养病期间,担心病情可能复发的恐惧时时袭击着我的心灵,精神背负着沉重的压力。此时我的领导、同事又及时来到家中,开导我,劝慰我,并调侃说“你没病了不能躲在家里装病,得上班去”。我深知这句话隐含着你们对我的深深爱意。不久,我以饱满的精神状态重返工作岗位。当时正是出版社改革、调整、转型时期,我又主要分管编辑和出版工作,工作非常繁忙。大病初愈的我此时更懂得时间的宝贵。我像上紧了弦的发条,把全部精力放在工作上,为出版社发展贡献着绵薄之力。说实在的,不是我不顾带着疾病的身体而忘我的工作,也不是出版社的工作离不开我,是我渴望用满负荷甚至超负荷的工作占据我全部的身心,使我没有闲暇去琢磨疾病的可怕,是我渴望用对工作的激情和负责任的精神去驱赶我怕失去生命的慌恐,是我渴望为关心培养我成长的出版社的发展做出我应有的贡献,是我渴望与我的同事们一起奋斗的过程,是我渴望用我的行动报答我的领导,我的同事们。

我非常感激我的领导、我的同事为我营造了和谐、向上的工作氛围。这个温暖友爱向上的集体不仅帮助我度过了不是每个人人生中都会遇到的坎坷,使我健康快乐的工作和生活,还使我在工作中取得了一些成绩,培养了我的情操,磨砺了我的意志。无论是担任副社长还是副书记,我虽未做出惊天动地的大事，但我深知，我做的每一项工作都是关系到出版社发展和员工的利益。我要求自己树立大局意识、全局观念，牢记党的全心全意为人民服务的宗旨，力求密切联系群众，倾听群众的心声，讲实话、办实事、坚守原则、公道正派，以饱满的精神状态投入工作之中。

回首过去，我和交通出版社风风雨雨一路同行。在“助千万交通人成长，伴数亿出行者愉悦”的行进中，我和出版社共同成长。我亲历的这17年，交通出版社不断发展壮大并一步步走向繁荣，我庆幸我是见证者又是参与者。这当中，我自己也承受住了命运对我的生死考验，我也同样庆幸我自己挺过来了。在此，我还要感谢我的亲人，在灾难来临时，是你们的爱让我紧紧抓住生命不放。我想告诉所有人：爱和责任可以创造奇迹创造希望！

这17年，无论是我的事业还是生活都让我难以忘怀。

今天，我满怀眷恋，依依不舍地写下这篇忆文，我要感恩出版社，感恩我的同事，感恩我在出版社的知己。

“回首来时路，我真的很在乎”。我知道泪有多咸，笑有多甜，可能有错过，但更多的是收获。我会收藏和珍惜，因为我也“真的很在乎”。

（作者系人民交通出版社原党委副书记兼纪委书记，
现任交通运输部职业资格中心副主任）

在 这 里

林宇峰

人民交通出版社50周年，来这里，60周年，在这里。

生活在这里——宿舍的兄弟姐妹

“这下惨了，新来的跟我一屋的打呼噜”；“你还别说，你这一走，没你的呼噜声，我还真不习惯了”。

“今天该你做饭了，我去买菜”，“我会做水煮鱼，周末给你们做”，“你编辑初级考过了，请客啊”；“今天又带饭了，你老婆太贤惠了”，“哈哈，你当时那个用水煮的水煮鱼，太搞了”，“啥时去我家，我请你们吃饭”。

“我让你5分球，7局4胜，输的请吃饭”，“斗地主，1分1个包子”，“下棋，一盘一个西瓜”；“你还欠我一顿饭呢”，“你欠人家的100多个包子什么时候还啊”，“你欠我的那一车西瓜，我看我是吃不上了”。

“朋友谈得怎样了?”,“几号领证啊?”,“什么时候喝你的喜酒?”;“孩子会说话了吧?”,“认我做干爹,咱儿子太帅了”,“你儿子我预定了,以后咱就是亲家了,你就攒钱买房子吧!”。

……

在这里,相处如兄弟。

工作在这里——编辑部的故事

“我们要发挥团队优势,多出精品。安驾能够成功就在于我们团结一致把书编好,把营销做到位。汽车室的每位成员都能够名正言顺地分享这份成功,因为我们是一家人”。

“我们处在一个历史高位上,创业难,守业更难,我们不能原地踏步,我们要二次创业,让汽车图书出版中心更加辉煌。这既是挑战,也是机遇。并肩作战,皆是兄弟”。

“行业组的,来帮忙看看这本书的封面。”“我觉得这两个封面设计得都可以”,“我觉得方案一好,比较雅,而且比较新颖”“我觉得方案二好,方案二简单大气”。“应该用‘场站’,我那本书都用‘场站’,我跟作者沟通,也说用‘场站’”,“不对,部里出的文件都用‘站场’”“好像是啊,我查了一下,那就用‘站场’吧,多谢啊”。

“教材组讨论一下应用型本科教材的编写形式吧”,“我觉得可以采用高职工作页的形式,好多三本是高职升上来的”,“不能照搬吧,本科对理论教学有要求,要满足教学大纲的要求,理论不能少”,“可以结合一下,还是要有系统的理论,理论部分简单讲明白,可以加入一定的拓展,第二部分是实际操作部分,最后引入案例”,“可以在前言部分明确告知学生学习完该书的知识会对今后在哪些具体的岗位上工作有帮助”。

“市场图书策划组来讨论一下,以后我们要用统一的名称,统一的标志,逐渐形成品牌”,“爱车人”,“车文同途”,“奔驰在路上”,“爱车者”,“一路同行”,“惠,有车有心,价格优惠”……“如果大家没有更好的建议,就暂定为‘车文同途’”。

“这本书急,今晚上你给复审一下,明天一定要给我!”,“没问题!”。“我这本书,排版的把 ISBN 排成 IBSN 了,多亏印务发现了,你们以后也注意一下啊”。“你那本书要是急,一定得把流程盯紧。先让排版处理图,把 CIP 和书号先要回来”。

……

在这里,工作并快乐着。

幸福在这里,在这里挺幸福;在这里,心在这里,不在这里,这里在心里。

(作者系人民交通出版社道路运输出版中心编辑)

领取而今现在

——我社60华诞随想

张 斌

六十今朝是,我社历经风雨阳光终迎来了她最灿烂的一天。值此全社同庆之际,抚今追昔,心下亦不免感慨良多。

筚路蓝缕,功莫大焉。回首往昔,我社自1952年草创以来,一代接一代"交通出版人"孜孜以求,辛勤耕耘,薪火相传,建立了与业界广泛而持久的渊源,积淀了厚重的出版文化,奠定了公路、汽车、水运类图书的优势格局,开创了有交通特色的出版事业,居功至伟,此刻应首先向前辈们致敬!

欣逢盛世,幸之甚焉。进入21世纪,得益于国家宏观经济持续向好的带动和交通行业宽厚背景的支持,我社与时俱进又取得了长足发展。尤其是"十一五"以来,我社战略规划引领,持续给力主业,聚焦内部管理,成绩斐然。如今是主业挺拔,各项效率指标远高于业界平均水平,核心图书类别市场占有率位居前列,关键制度完备有效,经营管理集约精细,大家收入有提高,福利有改善,被评为国家一级出版单位,荣膺“全国百佳出版社”称号,诚可谓是历史上最辉煌的时期,生逢其时,备感幸运与自豪!

身处其中,除了知足更心存感激,自己的收获离不开出版社;甚感荣光,出版社的发展中也融有自己的努力。入社的20年中,我曾作为生产者,策划编辑了一批双效益好的图书,并由此掌握了出版规律,开启了市场意识;也有一半时间作为管理者,黾勉做事,从中锻炼了组织协调能力,培养了研究能力,开阔了宏观视野,实现了与出版社共成长!

甲子从头起,我们承前启后。前人为我们打下了一个良好的基础,将出版社托付给我们,我们不能有负嘱托,要把她管理好。我们更不能亏待后来者,要尽可能为其拓展一个更加宽广的平台。我们珍惜现在,把握住了出版社的今天,也就是奠定了自己美好的明天。出版业有可为,交通出版业更有可为,让我们一道自觉地“领取而今现在”吧!

(作者系人民交通出版社综合管理部主任)

忆往昔岁月峥嵘

——以此献给人民交通出版社的先驱们和为吾社发展做出过贡献的所有员工

米增福

回眸往昔，人民交通出版社为传承、积累、传播科技文化知识，做出了光辉业绩，为发展我国的交通事业，做出了重大贡献。她有过辉煌，但也有过悲伤，有过曲折，有过桎梏的苦恼，有过冲出困境的兴奋，有迎来了春天曙光的喜悦。为社会做出过大的贡献，为吾社发展也创造过不少奇迹，令人人们刮目。在创造奇迹过程中，也涌现出了不少可歌可泣的人物。然而，他(她)们却是默默无闻的，或淹没在历史征程中。今天，看到社发2011(10号)征集“漫漫长路”告示，勾起了我的记忆，为此写成此文，献给还在世的和已故的吾社先驱们及为本社发展做出过杰出贡献的所有员工。

一、辉煌与悲伤

上世纪50年代，我还在学校读书时候，曾到过几位老师家里，看到他们的书架上摆满了许多书，其中有相当多的书，是人民交通出版社出版的，从此知道了她，并被她的魅力吸引，一时成了我渴求知识的源泉。

1952年，新中国刚成立不久，百废待兴。在过渡时期总路线指引下，人民交通出版社应运而生。时年，第一位编辑石道全同志，积极参加筹备，亲自办理了营业执照，为本社诞生播下了一粒种子。

上世纪50年代，吾社社址还属于远郊区，那儿曾是孤魂野鬼出没之处，社和印刷厂成立有民兵连。1964年我踏进社大门后，还看到周围沟渠阡陌，河水清涟，湿地一片片，印刷厂的食堂就坐落在坟旁。傍晚时刻，我还常去不远的稀疏林中扑蝉。那时，社和厂的民兵连配置有12支苏式步枪，夜间，我还背着枪参加过多次巡逻。

1957年，吾社编辑队伍已发展到20多位，对口翻译出版了原苏联运输出版社的大量科技图书。至今我还记得有著名的伊万诺夫的路面工程、公路木桥、砖石混凝土桥、城市桥梁手册、沥青路面工程，茅以升的中国石桥，拱桥设计计算手册等等，我在石家庄市的书店里，常看到人民交通出版社的书，琳琅满目地摆放在书架上。人民交通出版社，在成立不到几年里，在国家第一个五年计划里，经过前辈们奋力拼搏，使她很快步入辉煌年代，誉满神州大地。

在外界人士看来，编辑室是知识分子成堆的地方，1957年一场反右斗争，从20位编辑人员中打出10个“右派分子”，分别遣送外地改造。这一改造就是20年才全部平反，有的编辑壮年陨落，有一些已到风烛残年。

时年，我们刚来社的6～7个年轻学生，属于从家门、校门到机关门的三门干部，也许是时年领导对我们的厚望，来到社不久就按专业分别去劳动锻炼。鄙人到了某国防公路，像今天的农民工一样，在深山里参加劳动，抡锤打眼、开山爆破。待完成劳动锻炼返回来时，惊悉又有一批老编辑人员调往外地，于是，刚来不久的这些年轻学生，似乎成了编辑室的主力。

二、曲折与坚强

年轻的人民交通出版社命运多舛。1957 年受了伤残，在三年困难时期，又险遭夭折，由于作者呼吁和读者需求，教材出版业务繁忙，才幸运地生存下来。然而，1965 年部分编辑人员又调往外地，到了文革时期，即 1969 年 5 月 6 日，人民交通出版社与部机关及在京单位一起，连锅端到吉林省延边敦化县的农村，即交通部敦化五七干校，少部分职工自愿选择了湖北省阳新交通部五七干校。

时年的连锅端，确实连锅碗瓢盆都端走了。那时在职职工们正值青壮年时期，拖家带口的，不同于十八九无牵无挂小青年，有些职工刚刚结婚不久，有的还怀有身孕，多数职工的子女还幼小，一些中年职工子女准备上山下乡，家庭困难和感情折磨，儿女情长，困扰着许多员工。

去五七干校多长时间？将来怎么办？是否还回来？还是像当年红军到陕北那样建立“根据地”？等等疑惑都无人解答。鄙人曾代表一些职工的意见，向驻社张军代表建议，出版社工作特殊，需要留下一部分人员继续从事出版业务，一部分人员去五七干校，然后适当时机进行轮换。张军代表说，你的建议很好，但是，人家都带了头，去五七干校势不可挡呀，以后看情况再说吧！

在当时革命的洪流下，吾社先驱们一个个克服家庭困难，战胜了感情折磨，把幼小孩子托给邻居、亲戚、朋友，一个个雄赳赳、气昂昂，打起背包奔赴五七干校。

1969 年 5 月 6 日 11 时左右，火车徐徐开动刹那间，送别的家属、子女们及印刷厂部分职工们，先是驻厂杜军代表带头大哭，随即哭泣声四起，似有永别之意。火车逐步加快速度，一阵阵有节奏的车轮声、汽笛声，不一会儿将大家呼唤回来，开始憧憬那五七干校。

在敦化五七干校里，吾社作为一个独立连队，上级任命军代表张朝杰为连指导员、张善成副社长任连长，驻扎在长白山一带的一个叫万家屯的小村，像当年子弟兵一样，大家分散居住多户村民家里。

第一天晚上，有位老乡给我们讲了许多狗熊的故事。当我们和老乡都睡入梦乡时，忽然有位同志大喊大叫起来，呼喊大家起来赶快打狗熊。黑糊糊地屋里，中间摆着的取暖炉子，好像真是狗熊似的，于是一起来，准备与狗熊搏斗。此时，房东赶紧点燃煤油灯，一个个不由地哈哈大笑了起来。第二天清晨起来，昨晚的幼稚，在全连瞬即传开，一时成了大家的笑柄。

连长张善成，时年为吾社副社长，抗日战争时期参加革命，解放战争中参加辽沈战役，带领全团战士入关参战、南下追击敌人，在抗日战争和解放战争中立下汗马功劳。

1. 南泥湾精神

到达五七校第一课，就是操起原始工具，拉犁、开荒、种菜、种玉米，先解决吃喝问题。当时的劳动情形，颇像当年359旅在南泥湾大生产样子。

五月的万家屯，积雪刚刚融化，泥和水混合在一起，好像老天爷有意识在地上涂了一层泥似的，走起来稍不注意，就会滑倒在地，弄得满身泥巴。

夏天，万家屯凌晨2点多天就大亮，村民们赶紧下地抢种，我们也是如此。小村周围山上，长满了茂密椓树。我们刚到之日，树叶才露出了嫩芽，第二天树叶一下子就窜了出来，不时发出咔咔生长声。我们种的蔬菜，也很快发芽出土，不几天秧苗长到半尺长，很快吃上了自己种的豆角菜。

劳动，带来了欢乐，驱赶了心中烦恼。当大家吃上自己种植的豆角时，各个战士兴高采烈，感到劳动结出了果实。然而，家事时刻萦绕心中，有几位女职工子女来信，学校安排她（他）们上山下乡。母亲接信后深感内疚，独自躲进树林里放声大哭。青山作证，哪一位母亲都是牵挂着孩子呀！在劳动中，一位刚结婚不久、怀有身孕的职工流了产，女战士们之间轮流照顾。还有一些职工身体欠佳，劳动中大家彼此关照。一个团结、协作、活泼、祥和、奋进气氛，充满在五七干校里。

2. 一边生产、一边军演

在万家屯与村民们一起住了两个月左右，正准备选址建房时，突然接到上级通知，让吾连转移到百十里外的一个叫养老院的地方。按照上级的部署，留下了一个班看守已种植的农作物，其余大队人马背起行李，大家一起步行近百里，转移到当地称为养老院的地方。

养老院里坐落着用圆木搭设有两排简易房子，居住着当地孤寡老人。老人们一个个离世，于是，腾出了一排房子，作为吾连住房。养老院处于山沟的上端，距离原始森林约 40 里，三面环山，东面是一片草甸子，零零星星开发出一些熟地，环境十分僻静。全连一到新驻地，立刻和泥、脱坯，对旧房子进行加固和修缮，此时，吾们好像有了自己的家一样。

在新驻地周围，连里接管了已种植的水稻和土豆。生长在黑土地上的稻苗，长势喜人，指望着秋天迎来丰收，吃上新鲜大米。可是，天有不测风云，国庆节过后不几天，天气突然降温，来了一场霜冻，无奈何水稻颗粒无收。大家只得天天吃玉米贴饼子或窝窝头，喝着玉米馇子粥。不过秋天，还是收获了不少土豆，足够全连吃半年，还拾取了大量的木柴，准备取暖渡过寒冷的冬天。

当年的边疆地区，备战气氛浓，大刀向鬼子们头上砍去的歌，人人都会唱，好似成了全连的战歌。在连长张善成和指导员(后更换韩振铭、小郑军代表)带领下，时常深夜冒着零下 40 度严寒，踏着厚厚的积雪，在树林里急行军，犹似杨静宇抗联战士一样，与鬼子们进行周旋。

1969 年 12 月的一天夜里，突然接到上级指示，全连战士紧急集合，打起背包、带着狗皮帽子和手套，一路急行军，在夜里两点多赶到校部集结。听完总指挥长训话后，沿着事先设计撤离路线，踏进山间羊肠小路，穿过茂密树林，突然炮火连天，犹似遇到敌机轰炸，遭遇到敌军围堵似的，全连战士一路奔跑，犹似冲破了敌人的封锁线，天明时回到了宿营地，完成了一次军演。

在五七干校里，人民交通出版社的先驱们，不怕严寒、不怕大雪封山，克服了家庭困难，战胜了感情折磨，个个斗志昂扬，意气风发，发扬大无畏的革命精神，吾想，那时果真有敌人胆敢侵犯，大家都会拿起武器，奔向那抗战的前方。

时间如飞一般，转眼之间到了元旦。新年前夕，在简陋房子里，同志们自编自演了大合唱和小节目，梁毓英、孙起运一起演唱了白毛女，一时成了全连的明星，受到大家热烈赞扬，在一片欢乐的氛围中，大家一起迎来了1970年。

3. 难忘的一天

在五七干校里，除去下田劳动外，每天晚上还进行整党学习。根据校部的指示，要求恢复组织生活的党员，过一次终身难忘的组织生活。1969年12月21日凌晨1时许，每个人喝上一碗大馇子粥，吃上一两个窝窝头，夜里两时准时出发，拉着三架雪爬犁，迈着整齐步伐，踏着半尺多深的积雪，奔向那茫茫原始森林。天明到达森林边缘，每个人从头到脚都结满了冰霜，个个都成了雪人，融进了大自然。如果从稍远处看，真看不出有一队人马正在茫茫雪林中行军。

在森林深处，有一个伐木场，吾们一到那里就开始劳动，不一会儿汗流满面，逐步脱掉厚厚的棉衣，热气在每个人头上盘旋，一个个好像成了活神仙，都能呼风唤雨似的。当日西斜时，大家啃上几口携带的干粮，拉上三驾装满干木的爬犁，一、二、三地呼喊一起用力，踏着厚厚的积雪，穿过密密树林，返回到驻地。从老远处看见营地同志们正夹道欢迎，彼此鼓励和呼唤声，在山间久久回荡。光阴荏苒，时过40余年，当时劳动的情形，至今吾还难以忘怀。

4. 战备大转移

1970年1月20日，突然接到上级命令，实行几千里大转移，连夜转移到湖北省阳新县。全连战士积极准备一天，校部支援了两辆汽车，装上大批木板和可能携带的物资，运到敦化县火车站，装到运送物资的专列上。公路设计院连队，还带着4条东北狗一起进行转移。吾社周忠孝与公路设计院连队两个同志一起，随着专列从敦化将物资押送到汉口。其余同志们则全副“武装”，步行七八十里赶到敦化县城集结。

那天，狭窄的敦化县城街道里，一时间处处都是五七大军。沿途的居民们,不自觉的站在一旁,喃喃的小声说,五七大军都走啦!都走啦。这是欢送的话,还是告别之意,至今吾也说不清楚。

吾们所乘的专列,是客货混编。1月21日夜间,专列徐徐开动,敦化再见。这一再见,对于五七战士来说,可以说是永别。专列总指挥是于眉副部长。大家急切询问,专列是否经过北京?是否允许下车回家看望一下?总指挥回答:北京指示从天津南下。其实,尽管于眉副部长是专列总指挥,他也不清楚专列的行程,只是坐在第一节车厢里,随时听从北京调度室发来的指令,然后传达给列车司机。

"从天津南下"的指令传达到车厢里,一个个满脸愁云,头依着坐背,仰望车厢顶上部,不声不语,一时失去欢乐的气氛,在车轮有节奏的振动中,人们渐渐进入梦乡。

专列大约离北京快要1个时辰时,突然接到传达下来命令,专列于1月22日中午12时,在北京西站临时停车24小时,允许每个战士们回家探望一下,要求大家准时返回。这一指令传达到车厢,立刻沸腾起来,个个兴高采烈,年轻的职工可以见到久违的妻子儿女,壮年的职工可以见到自己托管的孩子怎么样,年老的职工可以见到年迈的父母。此时此刻,大家从车窗望去,看到那飞驰而过的、熟悉的车站标牌,不由同声地说,快到啦!虽然大家还坐在飞驰的车上,可是一个个的心早已飞到了家。专列先是围绕着京城行驶,眼看着火车徐徐进入西客站,大家一眼看到一辆辆大客车,排成整齐的一行,静静等在那里。火车一停大家很快下车,顾不得与迎接人们寒暄,急着按指定车次奔到车上,抓紧回家探望。

23日中午12时,大家都准时回到原位置,一清点人员全列车无一人掉队。一到车上,个个心满意足样子,分别相互述说孩子的情况。专列准时开动,飞驰在华北大平原上,车厢里立刻回复了欢乐的气氛,有的职工颇为诙谐,模拟某某领导讲话口气、动作的风度,在车厢走来走去,惹得大家哈哈大笑。当列车跨过黄河后,身上的棉衣似乎多了。早晨四时许,专列达到终点,停驶在河南漯河车站。吾连迅速下车换成普通客车,下午达到汉口,连夜乘长江轮船,天明到达湖北富池口,再乘汽车穿过一道高山，来到湖北阳新双港，至此完成了战备大转移，浓浓的战时气氛，随之消失的一干二净。

湖北省阳新交通部五七干校，是专门安排在京单位的五七战士。校址位于县城50公里的双港村，那里地形呈波浪状，高处散落着小村，低处是湖泊、水塘，中间是一层层稻田。在那里，吾们主要种植水稻。

阳新县是血吸虫重灾区，稻田里血吸虫肆疟，每天下地前手上抹上防虫药液，脚上穿上防虫袜子。春天翻地时，半天能捡回一木桶鳝鱼，还有一些乌龟和甲鱼，改善一下生活。夏天，气温经常高达40度，即使在阴凉里，还是浑身大汗。在这样的环境里，大家还是冒着酷暑，下田除草。在五七干校里，大多穿的都不讲究，当地老乡称呼五七战士：穿着最破的衣服，吃着很好的饭。可见当年农民生活是多么艰难呀。

5. 不平凡的春节

湖北的阳新与东北养老院真是两重天地。一来到阳新干校，吾连被安排在四面透风的毛坯砖房里，屋里什么也没有，于是大家动手用从敦化运来的木板临时支成床，同时购买了锯子、刨子、钉子，自己赶做床板。一月份的阳新，天气非常湿冷，与东北的养老院差远啦。东北虽冷，屋顶虽然结上一层冰霜，可是土炕上暖暖的，鄙人喜欢睡热炕头，有一次烧的太热，鄙人的褥子竟被烤着了。在阳新，鄙人与张树风副社长同住一屋，湿冷的天气，冻得吾俩彻夜难眠，田地里偌大的耗子还常来光顾，一次与老张一起下了套，晚上真的捉住只一尺多长的大耗子，交给籍贯为浙江的小邵，他拿去剥了皮美餐了一顿。据说，科学院的一个连队还捉住一条大蛇，做成美餐大家共享，惧怕吃蛇肉的战士，经过训练也敢吃啦。

经过几天安顿，1970年春节到来。每逢佳节倍思亲，三十晚上没有什么活动，偶尔听到远处稀疏的爆竹响，一个个就进入梦乡，思念几千里之外的亲人。大约凌晨2时许，突然听到刺耳的呼救声，火光照亮了天空，不远处一小村失了火，于是，不分连队，不分先后，有的拿起脸盆，有的提着水桶、有的扛着铁锹，总之，每个人拿起可能用于灭火的工具，像冲锋一样直奔火场。吾看到孙善秋同志没有找到灭火的工具，脱下自己的棉衣蘸上水，奋不顾身地扑打火苗。经过全校战士一个多小时奋战，终于将大火扑灭，但是失火的房屋已化为灰烬，所幸的是没有殃及更多的房屋。天亮时分大家返回驻地，洗刷掉身上的灰尘，开始分班包饺子，吃完饺子就算过了年，紧接着又投入紧张的抢种劳动。

6. 珍宝岛战士，怒斥吾社

1969 年冬天，从珍宝岛来了两位战士，到人民交通出版社购买汽车修理方面的书，一看到吾社大门关闭，就找到留守人员，大发雷霆：我们前方战士，为了祖国流血流汗，可你们身为出版社不务正业，却关闭着大门，你们对得起祖国人民吗？对得起在前方保卫祖国而流血流汗的战士们吗？

因病留守的胡士翔社长，为此特意来到敦化，向军代表做了汇报。胡社长这一汇报，找到了恢复交通出版业务理由，经上级批准，很快派回几位同志，和留守的同志一起，开展起出版业务。随着业务的扩大，又从阳新五七干校，派回一小批编辑、校对、描图人员。开始了“三结合”（即领导、技术人员、工人师傅参加）编书。

五七干校如何办？自始至终困惑人们。随着抓革命、促生产指示贯彻执行，许多单位职工陆续返回北京，阳新五七干校逐步减员，最后与位于河南漯河的交通部机关五七干校合并，余下吾社大部分战士到新校从事养猪劳动，直到 1973 年余下的人员才全部返回，随即漯河五七干校撤销，交通部又在北京大兴开办了一所五七干校。

1970 年至 1975 年，正值铁道部、交通部、邮电部合并时期，铁道与交通两社一共 120 名员工，全部挤在交通出版社原 48 间办公室里办公，办公室之紧张，可想而知。

7. 拉练，不当“老爷兵”、“奶奶兵”

为了使国家干部和工作人员，时刻不脱离人民群众，想到人民群众的疾苦，由三部（铁、交、邮）组织机关干部和在京单位参加拉练活动。拉练活动前后组织多批次，吾参加了首批，并作为先头队员，专门提前一天为大部队打前站，安排宿营、支立锅灶、烧水做饭、接应大部队到来。等安排大部队宿营后，先头人员就立即开拔，安排下一个站点。

参加拉练的员工们，组成若干连队，像当年红军战士一样，背着背包、带着军帽，模拟当年老红军的样子，进行"万里长征"。吾社、交通印刷厂、铁道印刷厂、邮票印刷厂与援外办公室（今路桥公司前身）组成一个连队，从现在铁道部机关出发，第一站是三家店村，从该村再出发一路是翻山越岭，20 天行程 500 公里，中途设立 10 个宿营地，翻越北京第二大高山——百花山。按这个行军速度折算，如果行走一年也接近 2 万华里。

拉练确实锻炼人的意志，大部队的行动口号："想一想两万五，再苦也不苦"。鄙人每次前去接应大部队时，都看到拉练的战士们个个精神抖擞，不怕艰难困苦，团结协作，涌往直前。由第二站上苇店村开始，翻过第一座高山后，到达北京边界的一个叫大村的村庄，铁道印刷厂一位体重 180 斤重的师傅关节受伤，于是六个战士组成一组，沿着只容一人行走的羊肠小道上，硬是轮流用担架抬着他翻越高山，一起到达了宿营地。当时的战士们团结互助精神，不让一人掉队的场面，令人十分感动，在鄙人脑海里留下深深的忆。

在翻越第一座高山时，铁路医院连队十几个女医务人员，掉在大部队后面，他们的带队人员赶紧跑回去，大喊"奶奶兵加油呀"，说者、被说者和听到者，不由得一同哈哈大笑起来，不过这一鼓动，她们真是加快了步伐，赶上了前面的队伍。

8. 翻越百花山

百花山海拔 2000 多米，是北京市第二大高山。翻越它时，先头部队提前行军，走在大部队最前面。当鄙人攀登到山顶回望大部队时，大军一路纵队，从山脚直排到山顶，场面宏伟而壮观，沿途红旗招展，口号声响彻霄汉，那又是一个感人的场面，犹似红军万里长征那样，一个一个拉练战士，汗水浸透了衣服，各个勇往直前，不拍疲劳、连续行军。在这次拉练队伍中，有个女战士叫王秀华，在拉练大军中，其他女战士翻越这座高山时，已显得非常疲惫，而她却步履矫健，胜似"闲庭信步"，无愧于一位久经沙场的老革命战士。

王秀华，水运编辑，在本社的女同胞中，她是唯一入朝参战的志愿军战士，朝鲜战争结束后，才上完中学和大学，是一位标准的务农、做过工、当过兵、上过大学的编辑。

七月间，百花山顶上犹似秋天，瑟瑟凉风，令人心旷神怡。高陡山体上，有几颗松树傲然挺立。满山坡上青草茵茵，黄花遍野，绚丽多彩，分为娇娆。眺望走过的行程，一览群山，却有"五岭逶迤腾细浪"感觉。远处，北京城区就在眼前，向下看，磅礴的百花山体，十分陡峭。下山行军时，后一个战士好像是踩在前一个得头顶，队伍弯弯曲曲，像是滚泥丸似的，一下子到了山下。翻过百花山后，拉练的队伍则是一路下坡行军。第20天，准时回到出发地。

拉练，不管是否妥当，但实地模拟当年红军长征，锻炼了人们的意志，传承红军的优良传统，了解沿途山民生活的艰难，让共产党人时刻想到老区人民。别的不说，以大村为例，居民吃水要到10里以外的地方挑水，直到2000年左右，我从媒体报道知悉，大村才吃上了自来水。

百花山一带，曾是平西抗日游击队活动地区，那里曾因汉奸出卖，有120位年轻的八路军战士遇难。用今天的话来说，拉练也是一次红色传统教育。

早期从五七干校回来的员工，三年后即1976年鄙人与老革命王秀华等一起又来到交通部安定五七干校锻炼（即现在的交通出版社的书库位置），后随着该校迁移到燕郊，改为交通干部管理学院，从此五七干校偃旗息鼓。

三、机遇与挑战

伴随着改革开放的发展，社会给单位、个人创造了展示才能的机遇。乡镇企业悄然而起，其经验是政策与机遇。然而机遇与政策、冒险、风险、条件混杂在一起，往往只注意政策，什么事也办不成；不冒险则一事无成；只回避风险，往往无有收成。当它们狭路相逢时，能否成功，事在人为。机遇是一瞬间的，稍纵即逝。而且，不同时代、不同的人，机遇总是不断地出现。在上世纪 80 年代，吾社在发展过程中，曾遇到许多机遇，但是抓住它，就要冒极大的风险。实践中冒着极大风险，确实抓住几个机遇，在出版界创造过奇迹，也涌现出一些可歌可泣的人物，为本社发展奠定了物质和经济基础，曾令同行们羡慕不已。

1. 冒险与机遇

有同志说，当前大屯书库地价价值连城。然而，当初在办理它的过程中，布满了荆棘，走在了“悬崖峭壁”上，是一次大冒险行为。

文革后期，交通出版业务再度复兴，图书发行主渠道已力不从心，自办发行悄然兴起。然而，图书自办发行须有书库支撑，于是，书库成为当时的关键设施。时年，不少职工以主人翁精神，十分关心本社的发展，为了发展自办发行业务，一个个职工积极献言献策，发行部的刘德利、印刷厂王春佑师傅等，先后提供了一些关于建设书库的信息，但是，政策鸿沟难于越过，一无所成。

正在为此事焦急之时，1984 年夏天某一天，王国祥师傅急速告知，某厂租用了农村土地盖起一座厂房，因违章和污染被查处，并勒令停工和拆除；老厂长还受到了全厂职工的诘责，骑虎难下。鄙人听后立会同张德仁同志一起，在王师傅引路下，拜会了那位老厂长，鄙人当即表示：吾社愿意投入资金，把您从“虎背”接来；老厂长听后欣喜若狂，立刻表示同意。

1）冒险，购买违章

冒险与机遇是一对孪兄弟。在一定意义上讲，冒险就是机遇，不冒险就会失去机遇。用钱买违章建筑，在市场上是前所未有的，问题是：如果土地征用不到，确实是一个大错误，给国家将会造成极大的经济损失，从政策上讲属于渎职行为，按当时的量刑规定，至少囹圄 10 ~ 20 年。也许心急之因，鄙人顾不着这些，签下这笔冒险协议。后来，根据事态发展，鄙人感到十分害怕。能否征用到违章厂房所占用的地皮，就成为成败关键所在。

对于这一问题，社内舆论上莫衷一是，政策上行不通；上级主管部门不同意，认为出版社不需要那么多土地；主办部门认为不可能办成。在这样的情况下，鄙人表示试一试，于是得到试一试的授权。因为当时办理房产这类事，管理部门只接待各部委在那里登记注册的具体人员。

在与土地所有者初步接触时，他们提出了十余项条件，除去安装电话和合办商店外，其余的条件根据本社的能力，任何一项都是不可能办到的。然而，如不答应这些条件，无话可说，立刻“bye、bye”送客。在已购买违章建筑威逼下，鄙人已无任何选择的余地，当时夸下海口，全部答应：完全满足他们的要求，并签下协议。从此，开始征用土地的艰难旅程。

在征用土地过程中，处处碰壁，处处受阻，随着年终一步步来临，事情越来越险恶。如果土地征用不下来，后果意味着什么，鄙人自己明白，不仅戾不可恕，还给单位造成巨大损失。一想到这些，不由得黯然神伤。唯一期望，寄托在张德仁同志身上。

张德仁同志，中国人民解放军战士，参加过辽沈战役，随大军南下，过黄河跨长江，一直打到祖国的南疆。在某海战中是一位幸存者。1964年转业到本社，在社内最高职位是一位民兵班长，后为政办科员，分工负责基本建设工作，在土地征用和职工宿舍及办公楼（原处三层楼）、新书库建设上，他立下了汗马功劳，在人民交通出版60年发展史上，可以说：他是一位功勋卓著的员工。

在征用大屯书库土地过程中，他以“铁杵磨成针”的毅力，以天才的社会活动艺术和能力，以灵活机动的战略战术，历时半年时光，一个个说服了各路神仙，从不支持的获得支持，逐步看到一缕曙光。那时，几乎每天晚间鄙人与老张都沟通情况，进行分析研究，有时心急如焚，从办公室走到马路边上，来回踱来踱去，有次不知不觉地踱到夜里12点，苦思冥想对策。时间进入1984年12月下旬，能否征得到土地使用权，还处于渺茫状态。那时感到时间过得如飞，深感险情即将来临，心惊胆战，昼夜难眠。

1984年12月31日10时半，突然接到电话，指令我们快速到土地审批部门，福兮祸兮可见分晓。路上，我们俩的心好像就要跳出来似的，心情十分紧张。11时半到达后，权威部门告知：该厂房可以废物利用，只允许存放无污染的图书、纸张，5年内不准添建任何房屋，一旦遇到规划需要，将被无偿征用。鄙人听到后，连连说："是，是，是，保证5年内不添建任何建筑"。至此，一块压在鄙人心头的大石头，落下了半截。回来后，一觉睡了两天，时跨了两年。

2）独立大队和钦差大臣

土地虽暂可使用，风险依然存在，后续条件难以兑现。1985年初，出售违章厂房的厂家，更换了新的领导班子，新上任领导提出要求，收回出售的违章厂房，于是新的风险又来临。那时，违章厂房实际还控制在人家手中，吾社尚未接管。

时年大屯书库那里，还是乡村偏野，无道路直接通往，无人愿意去接管。于是，吾请求王国祥师傅"出兵"支援。他从乡下叫来他的大儿子，由1人组成的工程队，代表人民交通出版社，占领那里"制高点"。王师傅的大儿子，带着一个16磅大锤，提上一壶开水，带上几个馍，首先攻占"制高点"，任务是拆除那里的大染缸。同时，请黄成福作为全权大臣进驻接管。

黄成福，本社编辑，五七年被错划为右派分子，劳动改造20年，后妻离子散，落实政策后回到本社。

随后王义霖同志放弃出版岗位，进驻到那里开始经营，直到病故。同时，从贫苦地区招来李世耀、张承山等小青年，作为王义霖助手，负责那里安全保卫等一切工作，同时，高价收购那里的剩余物资，至此完成全部接管工作。然而，紧接着的问题是对原厂房改造，处理一个个剩余的棘手问题。

3）惹祸，给上级添了麻烦

大屯书库购置后，吾社有了理由通过基本建设口申请国家投资、贷款。完成接管任务后，张德仁同志再次发挥主观能动作用，争取到一笔改造费用。然而，在办理和改造过程中，鄙人心急如焚，许多事情处理不太妥善，惹出了不少麻烦，受到税务、审计等多部门逐项审查，所有账目和文件都被查封，形势严峻，鄙人处境十分艰难。

1987 年 3 月，康树元副书记主持社党委后说：大屯书库对本社是件好事，是一笔宝贵财富，不要把问题推到一个人身上，党委要承担责任。至此，鄙人接受了审计部门严厉批评后账目开始启封，改建工程继续进行，于 1985 年 12 月正式投入使用。通过对违章厂房改造，一座书库正式投入使用。当时这样大的书库，令兄弟出版社十分羡慕。

根据社会环境发展和变化，张德仁同志对后续的不可能办到的遗留问题采取“消元”法，历时几年，妥善处理完毕，到 1992 年终于办理了受法律保护的土地证。

4）应为张德仁记功

在人民交通出版社成立 60 年之际，建议在编写本社发展史时，应当将张德仁同志的贡献浓缩几笔。因为他对本社发展实实在在地做出了重大贡献。吾十分敬佩他对工作认真负责精神，欣赏他出色的工作艺术和工作作风。是他杰出的工作，几度把鄙人从危难中解救出来。

2. 风险与成功

在 1988 年，吾社承揽到一次性出版一本 700 万册图书，扭转了出版社经济拮据。那年，汽车室周忠孝编辑竞争到“道路交通管理条例”一书出版权，印数比较大，且要的时间十分紧急，条件是政府颁布的条例一经见报，各地应立即见到书。

首先，根据送审稿安排了资深、一向以谨慎、工作细致而著称的王肃仪同志为责任编辑，要求出版后一个字、一处标点符号都不准错。如果按一般出版惯例来说，出版该书并无难度，也无风险，其效益也微乎其微的。

问题是，必须在极短时间出版，一次要投入 200 万元资金，与报纸同步，才能见到效益。一旦报纸刊登出，任何出版单位都可以出版，错过时机将一事无成。

资金成了关键。1987 年末和 1988 年初，当时社财务分文没有，职工发工资的钱，还是从印刷厂借来的；向上级提出申请增拨流动资金、借款，均遭婉言谢绝。向银行贷款，必须三个月连本带利一起归还，利率为

10%，以不动产做抵押，即使满足这样的条件，因吾社单位性质无资格申贷。因此，确实无能力吞下这块“肥肉”，能否解决资金问题就成为第一关键问题。

1）康树元副书记的贡献

老康同志是1986年七八月调来社任党委副书记，1987年3月主持社党委工作。由于他具有自身优势，通过部领导疏通，从某投资公司贷到200万元资金，优惠利率5%，其余的条件同上，以交通印刷厂房做抵押，如果三个月连本带利一起归还，可享受到按相同条件继续贷款待遇。否则可以拍卖抵押物。

出版社每个员工都会明白，从图书出版到资金回笼，三个月时间根本是不可能的事。当鄙人签署了贷款协议后，不由得出了一身冷汗，不知三个月后怎样向交通印刷厂职工交代，客观逼迫继续冒险。

鄙人无可奈何，被迫无奈接受危险条件，贷到200万元款项，然而款到账三天花了个精光。时间如飞，转眼之间三个月到来，图书何时开印还是个未知数，如何还贷迫在眼前。康树元副书记和财务处长彭晓元等提出建议，然后，他们两人与鄙人，依靠个人和单位的信誉，分别向兄弟单位求援，拆借到200多万元，届时连本带息归还投资公司，并取得诚信，又如数贷到200万元归还借款，如此反复多次。依此方式解决了资金困难问题。

2）临时工同志，功不可灭

使用贷款一时购买近千吨纸张，大屯书库发挥了重大作用，书库院内到处堆满了纸张，安全、防火、防雨、防盗成为第二个关键问题。

保卫科长李焕兴任务艰巨，召集库房负责人王义霖同志和临时工们进行专门防火训练，提出昼夜24小时不停地巡视，坚决杜绝一切火灾隐患。

> 李焕兴同志，参加过辽沈战役，随军南下打到南疆，抗美援朝期间任连指导员，在朝鲜三八线板门店，带领全连战士保卫志愿军谈判人员安全。1964年转业到交通印刷厂任保卫科长、兼任社机关和印刷厂民兵连长。

纸张是易燃品，特别是蛇皮包装纸极易引燃，安全问题一点也不可闪失，一旦失火后果不堪设想，一切就功亏一篑。临时工李世耀、张承山等同志不负众望，果真一天接近中午时分，从隔壁飞来一粒电焊火星，落在蛇皮纸上，火苗瞬时冲天。李世耀、张承山及时发现，动作敏捷，抄起灭火器，将火苗即时扑灭，避免了一起火烧"七里营"大灾难；否则，后果不堪设想，也够鄙人喝上一壶的，当场就会把鄙人囹圄起来。除此外，春节燃放鞭炮，从附近的村庄飞来二踢脚，落在配电室房顶险些遭殃，还是李世耀他们，将火灾消灭在萌芽中。

另外，装卸纸张是一项繁重的体力劳动，李世耀同志的手腕还为吾社受过骨折之伤。

总之，临时工李世耀、张承山同志为吾社做出了过重要贡献，人民交通出版社历史上应当为他们记上一功，鄙人作为当时的负责人，至今对他们的工作负责精神，仍然表示十分敬重和感激。

3）习力副社长，运筹帷幄

一次性印数极大的图书，在极短时间里，与报纸同时出版，是一项大兵团"协同作战"方式，吾社尚属首次，稍有疏忽就会全局失利。于是，精心计算、科学安排，确保出版印刷顺利，又是遇到新的关键问题。

当时分管负责出版发行的、身患肝癌的习力副社长通过仔细算各工序需要的最少时间，找出了该书生产链条上的关键环节。

一是：从改版、连夜打压出20套纸型、分发到20家印刷厂、浇出铅版、上版印刷、装订、送到书库，再发行出去，必须的最短时间。

二是：国家领导人何时批复，批复文件何时传递到报社，报社又何时发布，是否满足最小出版时间要求，这关键的未知数。

三是，一旦报纸发表出去，如果吾社抢占不到发行的制高点，必然是竹篮打水一场空，还可能造成不可估量的经济损失。随着生产进程，关键问题在不断演变，信息就成为关键中的关键。

习力副社长，对该书生产过程运筹帷幄，仔细进行了规划。

● 他首先召开了20家印刷厂会议，根据规定的时间和各厂的生产能力，确定出各厂家印装的册数。

●根据出版经验，计算出各个印刷厂生产必要的时间。

●为了及时发运出去，吾社特意购置两部日式三菱卡车，专门配送纸张和短途发送图书运输任务。发行部门积极联系铁路、公路、空运部门，同时采取优惠政策，希望有条件的用户自行取货，与此同时采取措施，积极回笼资金。

两部日式三菱卡车一时间，在生产该图书和驾驶证过程中，曾发挥了重要作用。1991年，新疆交通厅为了召开自编的一书新闻发布会，社里司机班不辞辛苦，行程万里，开着两部装满图书的卡车，一路风尘仆仆，从北京直开乌鲁木齐和伊犁，及时将图书发送到目的地，展示出吾社当年的经济实力。

4）信息采集

根据《道路交通管理条例》生产准备工作，国家首长何时批复，正文是否有改动，批复传递到报社的具体时间，于是成了生产安排的关键。寻访和咨询以往经验，批复传递到报社时间比较快，如何延缓报社刊登时间，才能保证足够的印装时间，当时是一个亟待明确的问题。

信息采集任务，亦是康树元副书记特长。他发挥自身优势，首先获悉正文没有改动的信息，此时，习力副社长连夜下达指令，通知各个生产厂开印正文。然后，康副书记亲自向上级阐明理由，希望延缓批复传递速度。与此同时，在电视台上发出告示信息。

东风已来，万事俱备。习力副社长布置完任务，拖着患癌症的身体，下到一个一个印刷厂督战，检查产品质量和进度。几乎在报社刊登之日，700多万册图书立刻出现在市场，很快发送到各地。余下的尾数，又以六折优惠发售。

700多万图书一次性投放出去，及时占领市场制高点，这在吾社历史上尚属首次，获得了同行们称赞。一下子扭转了吾社资金拮据局面，不仅连本带息归还贷款和借款，同时还为科技出版委员会做出了贡献。

3. 擦边球得分

与700万册图书出版的同时，周忠孝编辑还承揽到驾驶证设计权和印制任务。驾驶证设计任务，落实到美术编辑涂浩同志身上。他不辱使命，出色地完成了这一任务。

印制驾驶证需要购买进口卡片纸120吨，一次需要投入120万元，印装费160万元，一次需要投入280万元。社财务处长彭晓元同志，根据出版行业的特点，最大限度利用了财务政策，使用700多万册图书回笼款项，投入1650多万份驾驶证生产工作。

驾驶证生产工作量虽大，但只动用了5人，即周忠孝、涂浩、刘会智、王瞬仪（印刷厂）、王丽红（印刷厂）。

1）刘会智同志立有大功

驾驶证生产过程有两个关键问题，一是购买纸张；二发行，必须慎之又慎，仔细再仔细，确保万无一失。

生产驾驶证的卡片纸尚需进口，得知广东佛山刚进口来120吨，吾社全部包购。为了确保在购买过程安全，鄙人特选派出一名身强力壮、熟知法律知识，精明能干、动作敏感的刘会智完成这一任务。他配合交通印刷厂纸张行家王瞬仪，一起奔赴广东佛山。

刘会智与王瞬仪两同志，在广东佛山苦等六七天，卡片纸一到港，集中存放在佛山露天货场。取货的那天，场里停放着数台铲车、卡车，围绕在纸张周围，驾驶员们站立在旁边，一个个虎视眈眈，觊觎着那批货物。

按照正常办事程序，应是先付款后取货，但是这种方式当时风险极大。刘会智同志急中生智，采取"抓不住兔子不撒鹰"手段，拿出汇票在老板面眼前一晃，展示了吾社的诚信，提出了付款条件，即要求立即装上车皮，同时清点、核对纸张件数、上车皮锁、贴上封条，然后，恭恭敬敬地将汇票交给售纸老板，确保了万无一失。此时，那些停放的卡车、铲车司机们，瞅了老板几眼悻悻而归。

运输卡片纸的三个车皮，一到北京和平里车站，司机班和书库的临时工同志们全体出动，连夜奋战两天多，才将卡片纸卸运入库，最后付出了全部余款。

2）1650多万张驾驶证发行

驾驶证每证一个号码，分别发行到指定省份、城市，且不可粗心大意。承担该任务的是印刷厂王瞬仪与王丽红两同志，他(她)们二人工作一丝不苟，仔细验货、仔细发货，1650多万份证件一丝不差，按时发放到各地。

驾驶证是一个擦边球，不仅获得重大利润，而且通过它的生产，也应拉动吾社印刷厂生产。

四、尝试开展国际合作，试登国际图书市场

在改革开放春风吹动下，许多出版社开展了国际出版业务，有的出版社还在国外开办了分支机构。在这方面，吾社还处于非常落后状态。于是，一方面在培训外语人才的同时，有机会开展了国际合作出版业务。

1. 交通工程学——划时代图书

历史进入20世纪70年代，城市人口快速增加，公共汽车拥挤不堪，行驶速度迅速下降，交通问题成为广泛关注的问题。为了研究交通问题，1981年夏末，西安公路学院邀请美国加州交通局长张秋先生来华讲学(图1)，讲课内容为交通工程学。吾幸运地参加听讲。课后安排同济大学徐慰慈老师、西安公路学院严宝杰老师，分别对其讲义和讲课内容进行整理，吾社进行统稿，金如霆总编对书中应用公式从理论上进行了充实，经张秋先生审阅，以张秋之著在吾社出版，书名为交通工程学。

图1 前排为张秋先生。使用张先生稿费招待他，后排左3为汪浩副社长

通过张秋先生讲学和本书所述知识的传播，交通工程一词正式在国内出现，随后西安公路学院、北京工业大学等国内一些名校，先后开始设立交通工程专业，交通部、北京市有关部门纷纷派出留学生，专门学习交通工程，从此，交通工程在国内兴起，在公路建设中成为一个独立工程项目进行招投标。在某种意义上讲，可以说张先生是第一位外籍作者，

直接向吾社投稿。

该书所述内容，不仅反映了时代的发展，也促进了国内交通事业发展，一时间受到国内读者热烈欢迎。

2.与前苏联运输出版社开展合作出版

中国科技出版委员会曾布置出版现代世界科技重要著作图书任务，其中交通行业重要著作吾社操办，下分六个专业。其中交通工程专业吾人负责。

随着城市交通拥挤，以科技出版委员名义，交通工程专业翻译出版了美国的道路通行能力手册后（由建工社出版），吾社邀请原苏联运输出版社社长季托夫先生来访，双方除去共同交流经验外，还商谈了合作出版事宜。1990年春，（前苏）季托夫社长第一次访问吾社，图2记录了当时相互交流出版业务实况，与部分编辑部主任合影留念。在相互交流中，通过反复协商，双方认为已有条件开展合作出版事宜，并对编写方法和意向进行了讨论研究。为此，吾社首先提出了编写提纲，经他和随同来访的专家磋商，建议双方各自邀请六名交通工程专家，共同组成编写小组一起编写《现代城市交通》专著，先行在各自国度里出版发行，视情再向其他国家推荐。于是首次签订合作编写出版意向书（图3）。

a) 季托夫社长与吾社进行相互交流　　b) 季托夫社长与吾社编辑部主任合影

图2　季托夫社长第一次访问吾社

当时与国外合作出版，按程序还需报上级审批。根据与苏方签订的合作出版意向书，呈报上级审批。经过交通部批准后，吾社正式向苏方发出邀请函。当年秋天，季托夫社长带领六名苏方专家第二次来吾社访问，并与吾社邀请的六名专家一起，在惠桥饭店里会谈。商谈会上，双方专家对提出的编写提纲进行进一步修改，历时五天有余，确定出每章、每节的具体编写内容，双方专家各自认定编写章节和合编写方式，以及完稿时间进度表。为了使本书内容丰富，会议还要求苏方专家尽量荟萃欧洲一些资料，他们愉快地接受了这一任务。

图3　与季托夫社长(左3)签订合作出版意向书。左2为莫斯科公路研究院专家，左1为孙起运专家，并赠送小纪念品

经双方专家商定，双方专家的初稿，统一交给中方孙起运专家办理成书，然后，由中方翻译成俄文，双方作者适当时候在莫斯科会审定稿，以中文和俄文版本，以两社名义，分别在各自国家出版发行。会后，应苏方季托夫社长要求，还参观了吾社的编辑室和印刷厂(图4)。

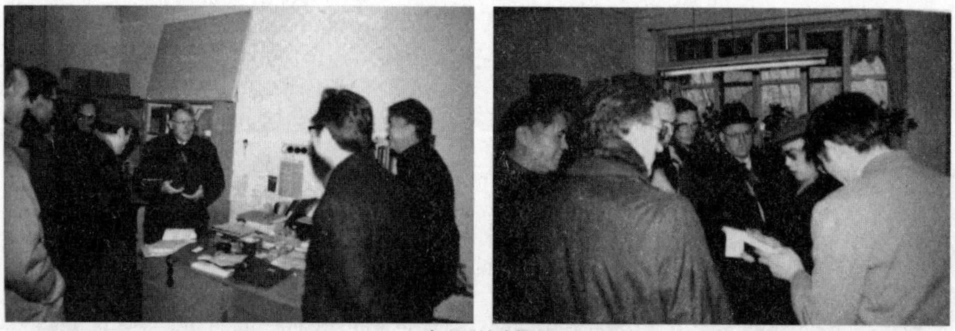

a) 参观吾社编辑室

b)参观吾社资料室

c) 参观印刷厂排版车间

图4　季托夫社长和专家参观吾社厂实况

苏方专家参观吾社后，在吾社导引下，专门参观了北京地铁和城市交通，并与北京城市交通规划和管理部门进行了技术交流；然后，前往外地参观了南京的城市交通，并与东南大学交通工程专业教授们进行了学术交流，当时苏方对南京交通布局甚感兴趣。此外，还拟参观上海的城市交通，鉴于当时进入上海外事手续复杂，故未能满足要求，改为参观江南的一些乡镇企业。

这次访问结束，双方专家回去后，开始按照提纲要求和设定的时间表，各自用本国的语言进行编写。中方成文负责译成俄文，传到苏方，而苏方只向中方提供俄文稿件。

1)60 多岁孙起运专家，不逊当年翻译风范

中苏双方专家在研究提纲时，邀请了交通部外事司张寿年同志和吾社孙起运专家承担翻译工作。经过紧张研究，在双方专家共同努力下，顺利完成了预定的任务。全书由中方统一成稿，并翻译成俄文，这是苏方季托夫社长和苏方主编罗班诺夫共同提出的议案。他们说：我们所见到翻译有数十个之多，有大年龄的、有年轻的、有男的也有女的，没有一个人能赶上孙先生的俄语翻译水平。孙先生语音清晰、口才出众，翻译准确，逻辑清楚，颇受苏方的赞赏(图5)。于是，双方决定两国专家编写的书稿，统一由孙起运同志进行整理。

孙起运编审，年轻时在大连海运学院学习，后攻读俄语，成为一名优秀的俄语翻译家，多次赴苏从事翻译工作。后因国际环境变化，被分配到本社工作，成为一名水运图书编辑。他的俄语放置 30 年之后，年已过 60 临时出山，其口语、笔译水平，不逊当年。退休后他以压倒群芳的优异考试成绩，应聘到某公司从事俄语翻译工作，那里职工不约而同地称他为孙专家。

2)合作出版未能画上圆满的句号

正当原苏方作者快递到第一部分稿件后，苏联发生解体，震荡了世界，随后苏季托夫社长调离了原单位，中方单位领导班子也发生了根本变化，孙起运专家没能被继续返聘。为此，鄙人只好收拾残局，根据作者

已缴上的原稿，统一进行编排、通稿、充实内容，并与中方主编一起研究，委托外事司张寿年翻译去莫斯科出差的机会，向已不再担任社长的季托夫通了气，并征得了他们的同意，封面以中方六位专家集体署名，每章开始页码署上作者的姓名；凡是采用了苏方专家手稿的，在每章开头同时署上中苏两位作者的姓名(图6)。

图5　图中间为孙起运专家正在翻译时况

图6　现代城市交通一书

现代城市交通一书所述内容，主张发展城市公共交通，特别强调发展地铁和地面轨道交通，有计划发展私人汽车。因为小汽车之多，多到一定时期、一定程度，必然会导致城市交通拥挤，甚至瘫痪。以北京为例，目前采取的交通政策，在书中早已进行了阐述。应当说该书反映了时代需要，顺应了时代发展。不同国度里出版社合作邀请各自的专家，共同编写重要科技图书，虽然没有画上圆满的句号，但是进行了尝试，取得初步经验，随着社会的发展，鄙人想今后可能会开拓出更广泛领域的合作。

六、吾社的社会贡献

吾社是北京市的一员，有义务、有责任力所能及地承担社会义务。在北京城市建设中，吾社响应市政府号召，积极参加京密运河和三北防护林建设，为北京城市发展尽了应尽的义务，并做出了重要贡献。

1. 京密运河劳动工地

为了解决北京市区居民饮用水问题，1965 年 12 月北京市发出号召，动员全市职工们参加开挖京密运河义务劳动，让市民们喝上密云水库中的水。吾社积极响应这一号召，组成12人的劳动小分队，在班长孙善秋的带领下，被编入交通部劳动大军第三连三班，参加劳动的队员，涌入交通部劳动大军行列，一路浩浩荡荡，奔赴京密运河战场。

当年挖河工程不具备今天这样的挖掘机、推土机，完全是铁锹、洋镐、小推车。每天清晨，劳动大军冒着凛冽北风，从民族学院宿营地出发，一边喊着一、二、三、四行军口号，一边高唱劳动战歌，步行40分钟到达工地。太阳落山后，虽然一个个颇显劳累，但是，大家一路风尘仆仆，“打靶归来”嘹亮的歌声，把一天疲劳驱赶得无影无踪。

挖河工地，红旗招展，锣鼓喧天，你追我赶，一派和谐、竞赛的劳动场面。看谁的车装的快，看谁的车装的满。吾社劳动小分队作为一个班建制，被布设在全连的中段。在吾社12人小分队中，大力士孙茂仁10余锹就装满1车，装车速度之快，堪称劳动大军中之最。周忠孝、程武勇、米增福、张林个个都是劳动多面手，既推车、又拉车、还装车。小分队中女队员葛淑清等拉车总是跑在前，与我们当年小伙子一样奋力拼搏。在班长孙善秋同志的带领下，体强体弱的恰当组合，男女队员各自发挥自己优势，形成一个“混凝土”式的坚强的集体，在全连劳动大军中，发挥了主力团队作用。在现代企业文化中，团队精神，正是这种“混凝土”式精神。挖河劳动历时37天，在现场总结评比会上，吾社小分队获得红旗班荣誉称号，全体队员站在京密运河大堤上，举着获得的先进红旗，个个精神抖擞，满怀豪情，当时我们引以为自豪的是：为人民交通出版社争了光彩，为北京市人民做出了应做的贡献。

2. 三北防护林建设

1982年，根据六届人大二次会议决定，坚持20年营造三北防护林。吾社和交通印刷厂，承包从居庸关下到南站村西，长约2公里的山坡绿化任务。这座将要绿化的山体，当地村民叫它凤凰敦，是当地最高的山头。从南口一进入关沟，远远一眼就看到这座蜡黄色的、圆锥形山头。由于山体走向为南西向，日照时间长、土层贫瘠，自1958年以来，当地村民连续四次绿化均告失败。

1982年春节后，全社厂职工，分批利用星期天时间，早上五时乘车前往那里，上山开挖鱼鳞坑，一直坚持到雨季到来。当年雨季栽植上3000株小树苗，到入冬时节，职工们又背水上山，给幼小树苗浇灌过冬水。来年春天，鄙人和办公室的王德钦同志上山一看，令吾大吃一惊，幼小的树苗不是枯死，就是被野兔拦腰截断，可以说“全军覆灭”，问题十分严峻。只有3株小苗幸免于难，因为躲在阴坡野草之下。

1)困难时期出英雄

为了补救遭到的损失，并完成上级下达新一年的绿化任务，让山体绿化起来。1983年春天，开始补种损失的树苗，完成新一年的任务。今后如何保证树苗成活，成为一个十分重视的问题，如不改进植树绿化方式，10年后山还是原样，无法向上级交代。

面对山区绿化遇到的新课题，年轻的蒋新平同志主动请缨，决定长期驻扎山上，进行绿化和管护工作。为了提高树苗成活率，首先要解决水的问题，小蒋积极倡导引水上山，要把河水直接压注到山顶，让水从山顶上自由向下灌溉。

图7 在河底建成的水井泵房和架设主管道

小蒋同志上山后，仔细进行了规划，首先在河沟里开出渗水井，利用过去修筑防空洞剩余拱圈，砌筑成水井。同时，购买了两台高压水泵和一公里多长镀锌主管，再利用建房剩余的小直径塑料管，建立起灌溉网络(图7)。这样一来河底井水，分两个阶梯一直压送到200米的高程，从上向下对已栽植的树苗进行灌溉，只需几个人拿着塑料水管，一下子就浇灌一大片树苗。

从远处望去，白色支水管犹似维吾尔族姑娘的辫子，把山头装扮的绚丽多彩。小蒋同志的这一举措，引起许多单位效仿，纷纷来现场参观和访问，要求介绍经验。此外，他还吸取去冬的教训，入冬时节，他积极收集大量的塑料口袋，在社安排下组织职工，利用星期天上山将幼小树苗罩住，一是御寒，二是防止野兔伤害。如此年复一年，树苗茁壮成长，一度成为上级和检查团视察的基地。

2）通报批评与褒扬

1985 年夏季植树时，在某一天下午刚刚卸下树苗，突然下起一场大雨，大家冒雨进行栽植，由于急于求成，树苗根土撒落一地，太阳已落山、天色已黑暗，掉落的树苗坨土，还未来得及清理。第二天上午某副市长视察时看到了这些掉落新土，陪同视察的十三陵地区义务绿化指挥长张起同志对交通绿化办提出了严厉批评，令交通部绿化办将鄙人叫到绿化基地接受处罚。

吾放弃参加的社务会议，在行办王德钦同志陪同下，急忙赶到十三陵绿化指挥部。在那里，部绿化办王维荣主任、梁兴邦副主任已在等候，陪着鄙人整整挨了两个小时的严厉批评，责令吾写出检查，在全市范围内通报，并罚款7000 元，还要追查幕后破坏植树的人员，并将新栽植的树苗做出标记，如果成活率达不到90% 再一起进行严厉处罚。

鄙人挨完严厉批判之后，向部绿化办、向十三陵绿化指挥部表示歉意，检讨没有做好绿化工作，愿接受处罚和通报批评，并表示责任全部由鄙人承担，与下面的任何人无关，下面也无有意破坏绿化植树的人。这时，小蒋同志在外边听着，吓的浑身颤抖，既不喝水也不吃饭。鄙人安慰他说，不要怕，一切责任都在吾，要抓坏人那也是抓吾。

事后鄙人写出检查，在市属范围内受到了通报，并扣发当年 70 元年终奖金。

由于吾社的引水设备比较完善，那年也是天助吾也，风调雨顺，再加上精心管护，成活率达到了要求。入冬时节，张起指挥长一个人真的亲自上山查看，据说无二话可言。

1986 年植树节，北京市在中南海怀仁堂召开绿化动员大会，部绿化办通知鄙人必须到会，吾说昨日刚献完血，今日需要休息，表示不再参加会议，让别人替代出席，然而上级却根本不同意，非鄙人去不可。当时吾想可能要倒霉了，吾坐在会场里，也许是刚刚献过血的原因，一时浑身冒汗，汗流满面，心想等着点名现眼吧。然而，出乎意料地是，去年吾们的办法却受到了褒彰，真是歪打正着。此时，鄙人才领会到绿化办主任的良苦用意。

3）有理由讨个公道

图8　与被美誉为大山儿子的张起指挥长结为好朋友（左1为张起指挥长）

绿化动员会之后，不几天吾和小蒋一起提出申请，向十三陵绿化办提出免除7000元罚金，要单位归还扣发鄙人和小蒋的70元年终奖。常言说，不打不成交，从此吾和小蒋与昌平县全国绿化劳动模范、享誉大山儿子美称的张起指挥长结为好朋友（图8）。

4）草根路线，成效卓著

有了引水上山设备，新的矛盾而来。当地村民认为河水为他们所有，不准使用，还以三夏农耕优先为名，经常拉闸停电，致使大旱季节难给树苗及时浇水，冬季引水管道时常被盗。就这些问题，向绿化办主任、主管局长，甚至更高的领导反映，期望能够与地方领导沟通解决这一难题。然而，通过上层路线，其结果收效甚微。

在无可奈何的情况下，小蒋和科研所张师傅，采取孙子兵法之术和手段，分次邀来拉闸限电的电工、管水的村民商谈，以理以节、闇闇之语，说服他们支持绿化工作，要求今后不要再干扰绿化，也不要换人来干扰，双方达成协议，从此水电之争成为过去。

被盗的引水管道，小蒋踏着痕迹寻找，却遭到四个盗者持锹围打，他以正当防卫之举，一阵武斗降服了盗者。小蒋以正当防卫之举，获得当地派出所50元奖励，然后并以饮酒立盟方式，以倾腹之心，晓之以理，令盗者今后不要再偷，而且还要帮助保护引水管道。从那以后的十多年里，水电再无争端，输水管道安全无恙。

5）绿化成果

山区绿化义务，小蒋在那里坚持15年左右，可以说把青春献给绿化事业，据历年统计和实地核查，吾社和厂共植树6万余株（图9）。如今已圆满完成了历年的绿化任务。

1992 年在总结十年绿化工作时，吾社、厂受到十三陵地区表扬，先后多次被评为交通部的红旗单位，小蒋也数次被评为山区绿化积极分子、先进工作者。

图 9　栽植 10 年后的树苗长势实况

在落成的山区绿化纪念碑上，镌刻着人民交通出版社和人民交通印刷厂的名字，标志着吾社和印刷厂为三北防护林建设做出了贡献（图 10）。

a) 代表吾社在纪念碑落成前讲话

b) 纪念碑前留影

图 10　10 年义务植树纪念碑落成实况

去年（2009 年）春天，小蒋独自一人到山上专门看了一次树苗，他打电话告诉吾人，咱们绿化的那座山已封山育林，原来的小路已长满树木，大路也没有了，都被树木占了，树苗长势喜人。吾听后非常高兴，说：放心了，不再挂念它们啦。

七、冲破桎梏，迎来曙光

在计划经济时代，人民交通出版社实行自收自支、自负盈亏财务模式，过着简单再生产的生活方式，直到 1983 年我社还没有一平方米房屋，没有一平方米土地，几乎没有什么经济积累，生活十分艰难。

1. 第一次冲击束缚

伴随着改革开放的春风，人民交通出版的出版任务日益繁重。但是，计划经济管理模式，捆住了我们的手脚，使吾社经济处于极度困难状况。

早在刘毅同志担任本社党委书记期间，经济上已遇到了许多困难，致使他也无可奈何。鄙人记得：职工黄伟结婚时没有住房，刘老书记指示办公室，在平房之后，依靠山墙搭了棚子，让小两口渡过了蜜月。

图11　照片上为原三层办公室竣工照片。

为了摆脱经济上的困境，1980 年刘老书记与上级签订了三年的"5：5"分成协议，抓住机遇出版了一批中考丛书，开始有了自己的资金。于是，在上级没投一分钱的情况下，依靠自己的分成积累的资金建成了三层办公楼和车库，共计近 2000 平方米，第一次有了自己的自有资产（图11），缓解了当时办公室紧张局面。

如果没有第一次冲击束缚，积累的一点点资金，这座三层小办公楼是不可能建成的，该位置就要夷为平地，改为绿化地皮。

第一次冲击束缚积累的资金确实是有限的，勉强维持到 1987 年，已无力支付职工工资。

刘毅同志，是参加过二万五千里长征的老干部，曾是交通部机关直工部党委书记，1978 年来我社指导工作，1979 年担任本社党委书记。

1982 年承包协议结束，正值国家开始实行利改税政策，从此，吾社开始每年按55%上缴所得税。到1987年,上级以人均留利水平高于交通系统其他单位为由,下文将吾社的所得税由55%提高到75%。实际上,又回到自然经济状态。

2. 桎梏与苦恼

历时进入上世纪80年代,经济改革的大潮,风起云涌。多种经济模式,像雨后春笋一样,勃勃兴起。然而,吾们的手脚还被捆着,不能动弹。没有钱、没有房、没有地皮,确实一个“三无”单位的无产者。上级分配几套住房,两居室只得住两户,三居室住三户,四居室住四户,早晨住户们只得排队上卫生间去“英国伦敦”,邻里之间时常发生矛盾,曾发生持刀追杀事件;有的老同志的子女长大啦,把老子赶到门厅栖身,来鄙人办公室放声大哭。

办公室到处堆满校样,耗子来回窜。有的职工气愤地说:如果得了鼠疫看你们怎么办,干不了就下台。

上述问题和困难,都深深刺痛了鄙人心。为了从根本上解决这些问题,鄙人多次冒前述之险。

此外,在日常工作中,制作一些办公桌、书柜,财务不能报销,为单位公事招待几个客人,还得自己花钱;提拔一个中层干部,还得经上级同意和批准;组建一个新机构简直困难之极。盈了利基本上全部上缴;申请增拨流动资金不给;职称岗位设置,只给一个正编审名额。如此下去,在改革浪潮中,面对频频而来机遇,只能错过,无力捕捉;单位不能发展,只能坐以待毙。

3. 挂钩

随着改革的发展,国家已颁文停止向自收自支的事业单位增拨流动资金。要发展交通出版事业,积累资金已上升到非解决不可的矛盾。如前所述出版的几种图书,分别一次投入需要200万元。按政策缴纳营业税后,再缴纳75%的所得税,已所剩无几。如此下去,无论如何交通出版事业也发展不起来。

正在此时,恰遇国家承包政策出台,以1987年为利润基数,实行利税工效挂钩，乘此机会经过努力，使吾社的所得税率由75%降为35%，超过承包基数35万元部分，再返还70%。此外，库存图书成本也近于归零状态。此举，不但偿还了400万元借、贷款，到1990年积累了大量资金，为本社发展奠定了经济基础，推动了交通出版事业发展。

4. 冲破经济困局，为发展奠定基础

实行工效挂钩，附有一套财务计算公式。按照吾社上缴的税率，从1988年算起，返还70%已上缴的税率，数量是可观的，大大加快资金积累，有利于扩大再生产，同时所获得了足够工资总额。

众所周知，邓小平理论重要一点，改革没有前人提供的经验，为此，要摸着石头过河。工效挂钩，始于1990年3月（批准时间），结束时间1990年12月31日；计钩的时间从1988年1月1日，到1990年12月31日止。

工效挂钩实行的环比政策，只要充分利用该政策，加上科学经营管理，可以有获得更多的自有资金。

5. 风险与对策

工效挂钩使吾社获得大量自有资金的机会，同时有了自吾发展的主动权，为今后发展奠定了基础，可以说，属于第二次冲破经济桎梏。

所谓风险，主要是指随着经济改革深化，企业和事业工资一旦出现差异，使退离休人员退休金受到影响，怎么办？为此，当时采取以下措施：

第一：凡是1990年12月31日前，已经办理退离休的职工，一律实行事业工资，并与出版社兴衰与共。事实上，自1991年3月吾离开主要岗位后，该部分同志一直实行事业工资，并且延续到1998年。

第二：对于在职人员也进行了分析，提出了相应对策，如能延续，再加上充分利用挂钩政策，可获得更多积累和福利。

挂钩，并没有改变单位性质，尽管舆论莫衷一是，但是，它为扭转吾社经济困局起的作用是不可否认的。今天出版社发展和财富积累，应当说基本上是那个时期奠定的经济基础。

如果不实行挂钩,那几年的盈利只得上缴80%,本社的所有职工的退休、福利费用,完全由本社负担,只能加重单位负担。

世界上的事,没有绝对的正确,也没有绝对错误,只有审时度势,把握时代脉搏,预见可能发生的变化,像握紧方向盘的司机那样,不断地调整方向,才能从胜利走向胜利,这是一个领导者的责任。

结束语:

今天的人民交通出版,社职工队伍,兵精将强,基础设施雄厚,在激烈竞争中,踵事增华,一定会获得更加长足的发展,屹立在出版之林中,再造人民交通出版社新的辉煌。

(作者系人民交通出版社原副社长)

西行漫步

——重忆边疆万里行

闵　杰

时值社 60 周年大庆之际，回想自己走过的不经历风雨难见彩虹的岁月，也有如诗如歌的难忘故事，时至今日，感动常在。“甲子盛举，襄出真彩！舒展筋骨，沏杯清茶，展开记忆的空间，轻敲起面前的键盘……”

那是 1992 年，当时火车运力严重不足，也没有今天通达的路网和汽运，致使《新编汽车驾驶员读本》一书不能按期运达乌鲁木齐。盛大的首发式改期会很麻烦，为了完成此项任务，社领导决定自行送书进疆。当时，我已经不是专职驾驶员了，领导让我去是对我的信任，我也认为自己很有必要进行野外长途驾驶的历练。我们一行六人，驾驶员是穆瑞林、黄寿康、张金利和我，杨柏力是当时行管处副处长作为带车领导，冀光忠是随车维修保障人员。

7月13日凌晨，我们驾驶两台五吨日产三菱卡车出发，历时23天，沿途经过4省（河北、河南、陕西、甘肃）、2个自治区（宁夏、新疆），在当时没有一条完整高速公路的情况下，行程9500公里，于8月1日早晨安全返回社里。

7月13日我们从社里出发经过十多个小时到达郑州，一路顺利。

次日，从郑州出发时，天空乌云密布，到洛阳后下起暴雨，天阴得厉害，视线不清加上路窄道滑，只见路上发生撞车的、原地翻车的、撞树陷泥里的比比皆是。由于拉的是书，而且车载吨位又较大，因此，一要降低车速，提前处理情况；二要慢打方向，遇情况后要沉着冷静不要急刹车。宁可慢，也不能不顾安全抢时间赶路，否则一旦发生事故，完不成任务还有可能造成重大损失。虽然当天只走了200多公里，但为了图书完好和安全起见，赶紧找个旅店。按今天的话说：还是踏踏实实洗洗睡吧！

宁夏、甘肃路段最惬意，体会到在山脊上行车那种云中漫步的快感，欣赏着五彩斑斓的梯田，耳畔响起，“不知是谁在唱歌温暖了寂寞，白云悠悠蓝天依旧汗水从额头上流下，在那一片苍茫中，看见远方村庄璀璨的炊烟。是谁听着歌遗忘了寂寞，慢慢长路芬芳岁月曾流过，一路的方向照耀我心上，遥远的边疆随我去远方”。在翻越六盘山时，是盘了一圈又一弯，终于站在山顶庄严肃穆的红军纪念塔下，我们畅想：开车上来都这么费劲，当年红军战士在没路的情况下翻越六盘山该有多难啊，被称太有才的“诗人”杨柏力吟诵起毛主席他老人家那首《清平乐·六盘山》著名诗句：“天高云淡，望断南飞雁，不到长城非好汉，屈指行程二万；六盘山上高峰，红旗漫卷西风，今日长缨在手，何时缚住苍龙？”俯视六盘山的绿色植被和野花盛开的美景，大有“六盘”归来不看门头沟百花山的感觉。在山下穿着短袖短裤都嫌热的盛夏，充分感到山顶上高处不胜寒的“得瑟”。我当时只想，今日方向盘在手，何日能到乌鲁木齐尝尝羊肉串的芳香啊！

河西走廊的尾段，我们进入了一个叫星星峡的路段，100多公里的路段上，由于新路没修好，老路是沙石和泥土路面，又值连日降雨，道路坑洼泥泞,停在峡谷一片又一片的水坑旁,听着巨大乌鸦寻食的叫声,看着其他陷在泥里的车,我们在想,车载这么重怎么过去啊,歇会抽袋烟,观察观察当地车是怎么过的。我们得到经验是,两车拉开距离,前车过去了,后车再过去,即使一辆车陷进去了,另一车还可救援,哪里有水坑就从哪里过的策略。因为峡谷中的路是沙石路,在水坑里的路经过碾压后泥没了,要比水坑外有泥的路坚硬些,车不至于陷到泥里面,我们有时是人先从水坑趟过去,试试水坑下的路面是否坚实。就这样用了近 10 个小时才走出峡谷。回头望着山头上战争年代敌伪留下的碉堡时,我们长舒了一口气,可算过来了。这里为什么叫星星峡呢?我想大概是因为天上的星星到这儿也难过去的缘故吧!

进入新疆地界后,当时新疆路段刚好是武警交通部队重修过,路上车辆也不多,那也是一条神奇的天路,在高原超强的阳光照耀下,一条银带鱼般的路通向天边,不见青青的牧场,只见寸草不生的茫茫戈壁。眼睛被晃得直发黑,心想有副墨镜就好了。在一马平川的大道上我们凭着车况好可劲狂奔着,但心里总感觉不踏实啊!怎么经常发现对面路上行驶的汽车没有风挡玻璃啊?心想不会是司机嫌热把风挡玻璃给卸了吧?要是碰到下雨还不往里狂灌啊?到了火焰山和吐鲁番的路段上才恍然大悟,看到火焰山是紫红的,土是红的,真如同《西游记》中所描写的那样啊。原来火焰山—吐鲁番地处海平面下 50 多米的盆地,这里夏季闷热,当天早上 6 点钟在吐鲁番地面温度已达 47 摄氏度。当年的沥青也不是今天的改性沥青,柏油路上的沥青在这种温度下都被软化出油了,掺沙子已经没用了,养路工不断向公路上扬散石子以加强路面的坚硬性和防滑性,汽车行驶在这样的公路上,由于前车轮子上卷起的石子打在行驶的后车玻璃上或者在两车相会时,轮胎带起的石子打在玻璃上极易造成破碎的,因此要放慢车速和跟车距离。在会车时,一定要紧靠道路右侧减速避让对面来车。看着远处山坡上的小屋四面都是窟窿的,经询问得知,那是用于晾晒葡萄干的房子,我们给它起个名字叫风窑。将一串串葡萄挂到风窑里的架子上,利用这里酷热风大的特点,十几天后,鲜葡萄就变成易于保存运输的葡萄干了,心想当地人真聪明,利用风能、热能制造出紫外线大烤箱,绝对是杀菌、节能减排的典范,应该申请专利或申报文化遗产什么的。可当时运输的不畅通,内地人要想吃点新疆特产,真难!

刚出吐鲁番市区我们遇上风口了,也不知叫啥风口,刮起风来就是十级八级的,今天让我们遇上了,没见到抱着火炉吃西瓜却遇见大漠上风吹石头跑的情景,后来,曾发生过火车都在此路段被吹出轨了的事故。当时的风力绝不低于10级。盖书的帆布被风吹撕了,当我们要下车去整理时,三个人愣是没能把对着风口的那扇车门推开。从背对风的车门下去后,人站在地下如果你不抓着车帮就别想站稳,石子打在身上还真疼。最可乐的是,张金利戴着墨镜刚一下车,眼镜就被风吹到地下,还没看清掉在什么地方就已没了踪迹。这么大的风,车在道路上很难驾驶,车被吹得摇摆不定,司机双手使劲把住方向盘,就这样,我们用了四个多小时才走出了这90公里的风区。当驶出风口后到了达坂城地界,风速明显减弱了,飞石不见了,车身也不响了,这时大家有了劫后余生的兴奋。歇会吧,能否看到"达坂城姑娘辫子长啊,两个眼睛真漂亮啊"。因着急赶路,漂亮姑娘没看到,倒是驾驶此路段的司机倍感胳膊酸疼。揉着被石子打得生疼的部位,现在才明白这里为什么寸草不生了,就算有水,在这样大的风下,植物不是被连根拔起,也会被石子打光枝叶。要说这铁扇公主的妖风可够邪的啊!有个美丽传说,谁遇到这样的大风就是铁扇公主看上你们之中的一个人了,师傅们调侃说:"不会看上你小子了吧?"我可没那么大的胆子敢娶啊!

经过几天高原上驾驶,其他三位师傅都出现高原反应,扶着方向盘的左胳膊被紫外线灼伤爆皮起泡,奇痒无比,没有高原驾车的经验。当时也没有小护士防晒霜和准备防护用品,太阳一出来只好把左胳膊裹上毛巾继续开车。奇怪啊,紫外线对我怎就不起作用呢?一点事都没有,当时我最小只有28岁,他们都是年长我十多岁的师傅,记得我当时右手拍着左胳膊得意调侃他们几位师傅说,"瞧咱当兵的人,那是经过摸爬滚打的,这皮还真抗晒啊,哈哈",结结实实地戏弄了他们一把,老气人了。他们当时的表情就是,瞪着眼、憋着气真想揍我一顿才解气啊!

18 日下午，长途跋涉 4700 公里后，我们安全抵达乌鲁木齐市新疆发行站，按时完成送书任务。19 日的图书首发式上，新疆交通厅维族于厅长对我社此次的送书行动给予了高度赞扬："交通出版社送书进疆是一次支援边疆建设的具体行动，是支持新疆发展科技事业、开放搞活发展经济的最好贡献。没有你们千里迢迢送书就没有今天的首发式。谢谢你们！"水电出版社发行部主任在座谈会上讲："他非常佩服交通社领导作出开车送书到新疆决定的胆识和气魄，以及驾驶员优良的技术和顽强的意志，我们水电出版社今后争取向河北省境内送书。"从他们的赞誉声中，我们感到送书任务的圆满完成，为交通出版社赢得了声誉，提高了业界知名度，那可不是吹出来的啊！

虽然此次新疆之行在客观上受到天时、地利的影响，但之所以能够保质保量地完成，还是主观上每个人战胜自己和团结协作的结果。司机班长穆瑞林同志患有胆囊炎、腰间盘突出等病症，在途中淋巴发炎后也一声不吭，愣是用药物加意志战胜了病痛。黄寿康更是老当益壮不减当年，虽然已经 54 岁了，开起车来还是不服老，每遇到危险路段都主动要求驾驶，不开时还要为我这样的年轻司机把关。张金利到新疆后就中暑发烧，返程时才有些好转，仍坚持驾驶。带车领导杨柏力虽然不开车，可在车上一坐就十几个钟头，尽量把好座位让给司机休息，自己在发动机烘烤的座位忍受着，在路上"上火"牙痛吃不下食物。有了这种忘我的精神，就没有什么克服不了的困难！我也在此次行程中得到很多宝贵的经验和技能，"驾车靠的不是勇猛和眼花缭乱的打方向盘，要像画家在纸上画出优美的弧线那样，通过速度控制、合理避让等，使车在道路上也能画出优美的线条"，师傅们的这些话至今仿佛还在耳畔，也是我一直追求驾驶的最高境界啊！回社后，看到职工们吃到我们拉回的哈密瓜、哈密杏、葡萄干等新疆特产，感觉这趟辛苦算得了什么！

那次边疆万里行距今已整整 20 年了，但回想起来仍历历在目。重忆也平添了许多新的感慨和不同的意境。人往往是经历艰苦的事才难忘，只知道白岩松有本书，名叫《"痛"并快乐着》，但没看过内容。今年是建社六十周年，社的发展规模和产值与二十年前不可同日而语了。火车提速了，国家高速公路网四通八达使汽运更快了，我社图书可以更加快捷地送到读者手中了。昨天的我曾经是莽懵少年，也有过彷徨和内疚，今天职业生涯却走过了三分之二，明天的我尚能赶上建社70周年。昨天所有的回忆已变成遥远的过去。我是如此平凡却又如此幸运，让我说声谢谢你——人民交通出版社，让我用生命最嘹亮的歌声陪伴你。

用词作家闫肃《昨天、今天、明天》这首诗，共勉：

跑过去的是昨天，奔过来的是明天。正在走着的是今天。
不要忘记昨天，认真想想明天，好好把握今天。
但愿到了明天，今天已成昨天，你依然在我身边。
啊！春梦无痕，秋夜缠绵，岁月如歌，似水流年。
但愿到了明天，今天已成昨天，我依然在你心间。

（作者系人民交通出版社多元文化公司经理）

难忘的一天

米增福

【按】目前，上世纪60年代以前的本社老职工，如今已逝过半，当年有几件难忘的事，在此重述其中一件，以此献给他们。

1969年5月，奉当时上级指示，我社绝大部分职工，背起行装，一路雄赳赳、气昂昂，奔向吉林延边自治州—敦化县进行劳动锻炼，在那里度过一段值得纪念的一段时光。

上世纪60~70年代，敦化还是一个乡村式县城，向南步行30多华里，翻过一座不太高的山冈，就到达我们的宿营地——当地称“敬老院”。

“敬老院”三面环山，缓缓山坡上，长满了野草和灌木树丛，东边是一片平川。平川上分布着零星耕地，剩下的就是草甸子的“天堂”。

在一马平川的草甸子上，盛开着各种各样的鲜花，争相斗妍，姹紫嫣红。按照今天的旅游观念来说，那里可称得上环境幽美，风景秀丽的僻静地方。

白天，下田劳动时，我们常看见野狍子在草丛中自由奔跑，太阳刚刚落山后的傍晚，常常听到东北熊掰棒子不友好的声，野猪与狗熊争食的战斗声，深夜里还时而听到狼嗥叫声。应当说，那里真是一片人与自然和谐的净土。从“敬老院”再上行约40华里，就进入了原始森林。

图1　环境素描，同志们在军事训练

图2　大森林中的小路

时至1969年12月，那里已是白雪皑皑，大雪封山。晨时，最低气温达零下48℃。历经“文革”劫难，在那寒冷的地方，我社党组织正式恢复。根据上级的指示，为纪念这一时刻，号召党员们过一次有意义的、终身难忘的组织生活。

这次党组织生活，社里当时十几名党员是这样过的。1969年12月21日凌晨1时许，每个人喝上一碗大米糙子粥(玉米碎粒)，吃上一两个窝窝头，夜里2时准时出发，拉着三架雪爬犁，似乎是辎重，迈着整齐步伐，踏着半尺多深的积雪，沿着鸡爪地形上的小道，像少剑波的小分队一样，在莽莽雪原里，奔向那原始森林。

深夜的星辰，被雾气遮盖得无影无踪，大地朦朦胧胧，无边无际。我们时而翻越山岁，时而下到谷底，好像直奔威虎山上的“坐山雕”老窝。时而，又感觉到我们就像当年的老红军一样，在“长征路上”正在翻越大雪山。

图3　大雪封山

冬天，狗熊已经冬眠，狼已在窝里优哉游哉；林中的鸟儿已停止了歌声，山鸡还没有啼鸣，万物一切静悄悄。忽然，看到一颗信号弹，划破深夜的天空，发出耀眼的闪光，感到了前后有“敌军堵截和追赶”似的，我们正在冲破“封锁线”。路上，同志们默默无声，因为一说话就会吸入寒气，一个跟着前一个人的脚印，大踏步地前进。但是，伴随着前进的脚步，雪地上发出吱吱咯咯响声。这声音清脆，既有节奏又昂扬顿挫，比歌声还动听。

这声音好像是宣传声，在鼓励同志们，克服困难，勇敢前进。不过，你心里配上什么样的词，就是什么歌，鼓舞大家去战胜一切艰难险阻。

深夜行军情更迫，不知不觉地花费了四五个小时，走出了40多华里，渐渐来到森林边。东方欲晓，天蒙蒙发亮，彼此之间，不约而同地发出同一个朗朗笑声，个个惊讶地说，哎呀，你可成了“白雪公主”啦。两位张副社长（善成、树风）异口同声地说：“别笑啦！大家都一样”啦！

女党员像“白雪公主”，男党员也像“白雪公主”，大家都像“白雪公主”。因为天气寒冷，人们呼出的呵气，在狗皮帽子上、头发上、眼眉上、胡须上、衣服的棱角上，处处都结满了白色的冰霜，每个人都溶解在白色雪景里。

正当大家欢笑中，胡（士翔）社长，一个人悄悄站在山冈上，仰面朝天，伸开双臂，以其洪亮的嗓门，朗诵起毛主席的诗词：“北国风光，千里冰冻，万里雪飘 ，……”。胡社长高大身躯，气度之恢弘，声音之洪亮，震撼着山林。那飘. 飘. . 飘. 飘. 飘. 飘飘. . 飘. . 飘…的声音，发向远方，又迅速反射回来，在空中久久振荡。那“飘飘飘”声音好像是嘀嘀嗒嗒军号声，通知大家继续前进。

天一亮，雪地上发出闪亮的反射光，照得密林里亮堂堂。敝人是排头兵，走在最前面，绕过密密麻麻荆棘，进入森林深处。小道在松树林中，弯弯曲曲，棵棵松树参天，可爱的小松鼠，比我们起得还早，早已爬到那树梢上，嗑着干香的松子，像鹅蛋那样大的松塔，不时地掉下来，砸得雪地上嘭嘭发响。

图4　深冬的茫茫森林原野

我们行至大约20余华里，到达一个伐木现场。党员们不顾一夜的疲劳，有的一对一拉起大锯，有的手握弯把锯，有的抡起砍斧，将枯竭死树锯倒，用砍斧砍去枯枝，装在爬犁上。在被砍去的枯树位置上，来年林场再种植新树苗，使我国森林宝藏得以延续。

在密林深处劳动现场，一时间热火朝天，身体开始逐渐暖和起来，摘掉狗皮帽子，脱掉厚厚的棉衣，汗水变成热气，像蒸笼一样，萦绕在每个人的头上，个个好像成了林间神仙，翻手如云，挥手如雨。同志们又说又笑，有的还唱起小调，虽然艺术水平比不上当今的明星，但却显示我社党员们一往无前的精神面貌，在一片欢笑声中，个个朝气蓬勃。

这时，劳累好像无影无踪了，啃几口冰凉干粮，又继续劳动。早些日子加入伐木队的尤炳添同志，知道我们来过组织生活，特地从居住的地窖里提上一壶热水前来慰问。这礼品既及时又实惠；既豪华又奢侈。在冰天雪地里，喝上一口热水，驱赶走胸中的寒气，感到是最大的享受，也感到"军民鱼水"之情无比真诚、无比亲切。

当太阳西斜的时候，我们已装满了三个爬犁，肩并肩、手拉手，同甘共苦，团结一致，奋力拼搏，迎着夕阳，踏上归程。从老远处看到，驻地同志们早已在那里等候多时，列队夹道欢迎，好像两支队伍胜利会师似的，发出热烈欢呼。欢呼声在白雪皑皑的山间，长时间回荡。此时此刻，我们感受到的是：人民交通出版社职工，空前团结，友谊和谐，严肃活泼，那时职工们之间真情友谊，使人备受感动。在恢复出版工作后，当年的一个个老职工，在出版工作岗位上，发扬了吃苦耐劳精神，工作上一丝不苟，默默耕耘，不为名利、忘我工作、无私奉献，为交通出版社事业做出了历史贡献。

光阴似箭，日月如梭，转眼之间，33年已过去。2002年秋天，我有机会陪同本社几位同志前往长春办事。吉林省高管局周局长知道了我曾在延边劳动的经过，特意派出一辆车，让我故地重游。

我们一路上看到如今的敦化，已是一座现代化城市，旧日乡镇式容貌，已荡然无存。昔日劳动过的山冈，布设上了绿色大棚，村民们开始奔向小康。

* 尤炳添——印尼华侨，水运编辑，又是本社的歌手，其歌喉不亚于当今的歌星。1975年经香港回印尼家乡。我记得老尤踏上归程那天，早上五时许，约有20多位同志赶到北京火车站欢送。在火车开动刹那，欢送人员个个热泪盈眶，老尤泪水满颊。

（作者系人民交通出版社原副社长）

作者与朋友

——谨以此文纪念张润虎先生

卢仲贤

2012年8月5日下午我正在首都机场准备登机前往长沙时，接到贵州交通职业技术学院打来的电话，告知了前一天张润虎先生意外病逝的噩耗。

悲痛之余，张先生的音容笑貌常常浮现在我的眼前，如果不出此意外，人民交通出版社成立60周年庆典活动中，张先生可以当之无愧地成为我社评选的60位有杰出贡献作者之一。

我与张先生初次见面是在1986年的春节期间。那时张先生与广西交通学校吴应辉先生在共同编写中专教材《桥涵水力水文》，我是这本书的责任编辑，我那时从事编辑工作还不到半年。我们相约在贵阳见面谈教材的定稿事宜。

张先生平易近人、风趣幽默的言谈，一丝不苟、求真务实的治学态度，以及丰富的理论与实践相互支撑的专业知识，从第一次见面起就深深地感染了我，深深地吸引了我。在随后的二十多年里，我们俩人成为了忘年交。

他与吴先生共同编写的《桥涵水力水文》一书在交稿时，让我折服了：400 字的方格稿纸内，每一个字都是正楷手写，每一个标点符号都规范到位，上下脚标或外文符号的大小写或正斜体都一一用铅笔标注出来。特别是插图，线条、比例，以及插图在文中的位置，几乎无可挑剔。其稿面质量至今无人出其右，可以说稿面本身就是佳作。

张润虎先生，天津人，早年求学于唐山铁道学院，毕业时因出身问题被分配到贵州省交通勘察设计院测量队，长期从事野外测量工作，文革后调到贵州交通学校担任桥涵水文教学工作。丰富的实践经验让他主讲的桥涵水力水文课堂始终充满着欢笑。

张先生长期担任交通教指委路桥工程委员会负责教材编写和出版工作的副主任一职，但张先生在我社仅仅编写出版过一本教材，不是他没有能力编写，而是他主动把编写机会让给了年轻教师，让给了其他院校，公正无私的办事风格使他赢得了全国各地交通院校师生的广泛尊重。

2000 年，多数中专学校还没有升为高职学院，我感觉到中专学校兴办高等职业教育已是大势所趋，早日组织编写高职教材可以为我社抢占教材出版市场的先机。但阻力重重，来自各方面的反对声不断。

张润虎先生在仔细研究分析了中专教育与高职教育发展现状与未来后，不顾压力，毅然决然地站在了我一边，张先生用其在业内获得的广泛尊重和影响力，2001 年与我一道成功地组织了路桥专业高职高专教材的编写与出版。

这套高职教材的出版填补了国内高职教材的空白，极大推动了高职教育与教学的发展，也为我社带来了数千万元的经济效益，但张先生从未表示过索要一分钱的利益，令人不得不钦佩其伟大的人格魅力。

张先生 2002 年从贵州交通学校副校长的岗位和交通教指委路桥专业委员会副主任岗位上退休，退休后依然笔耕不辍，继续推动高职教学与教材建设的发展，完善和丰富了交通版高职高专教材编写出版工作。

同时,张先生自筹资金创办了贵阳云岩交通书店,在贵州省内外积极推广营销交通版各类图书和教材,他以优质的服务和诚信获得贵州省内外客户的尊重,他经营书店短短三年就被评为人民交通出版社优秀经销商。

对人民交通出版社而言,张先生是优秀作者、是优秀经销商;对我而言,张先生是长辈、是恩师,更是朋友。张先生对待工作认真负责的态度,对待朋友真诚朴实的精神,始终鞭策着我,鼓舞着我。

在人民交通出版社迎来建社60周年之际,张润虎先生却悄然离我们远去了,没有留下任何只言片语,没有留下任何遗憾。

他是一位令人尊敬的长者!

他是一位知识渊博的作者!

他是一位真正的朋友!

(作者系人民交通出版社副总编辑兼公路职业教育出版中心主任)

小小鸟与大树林

张维青

不知不觉入社已经四年,而出版社也迎来了60岁生日。回想过去的日子,酸甜苦辣一时涌上心头,感觉自己与出版社,就像一只小小鸟与一片大树林。

我是一只小小鸟。前段时间重温《红楼梦》,读到林黛玉的《唐多令·柳絮》"粉堕百花洲,香残燕子楼。一团团逐对成球。漂泊亦如人命薄,空缱绻,说风流!"一节,颇为感慨。我出生在美丽的沂蒙山,这里四面都是大山,经济比较落后,飞出大山是所有孩子的梦想。我的童年一半是努力学习,一半是帮父母做家务、干农活。跟干农活比起来,读书是一件轻松愉快的事,从上学开始,我一直都是班里的头名,2000年终于考上武汉大学。飞出了大山,但飞不出命运。因为家境贫寒,我一边努力学习,一边勤工俭学,省吃俭用,大学四年只从家里拿了头一年的学费和住宿费,其他的都是自己挣的。毕业后,我加入远在南国的广州三联书店，思亲情切，收入微薄。三年后，为了追求梦想，我辗转来到北京，加入了《中国少年报》，做起了心爱的编辑工作，但收入很低，住了一年地下室，曾在大雪天里露宿街头。回想往事，感慨于过去的曲折与窘迫如此之多，感叹于自己居然挺得过来，就像歌里唱得那样："我是一只小小小小鸟，想要飞呀飞却总是飞不高。"曲折的经历，砥砺了我的志气，教会了我很多东西。我每天都微笑着面对生活，努力做好工作，虔诚地对待周围的每一个人，对此我深感自豪。

出版社是一片大树林。现在看起来，毕业后的四年里，我这只小鸟一直在寻找自己的树林，为此淋了不少雨。2008 年 2 月 14 日，那一年的情人节，也是我与出版社牵手的日子，我永远忘不了这一天。就像一只疲惫的小鸟，终于找到了栖身的树林。进入出版社以后，领导和同事给了我许多关心和帮助，而我也怀着感恩的心努力学习，勤奋工作，善待他人。四年来，我在工作上取得了一定的进步，生活也有了很大的改善，最重要的是找回了"家"的感觉，找到了工作的快乐，坚定了人生的方向。我要感谢出版社，这里就是我的家，感谢它在我最困难的时候给了我宝贵的机会，感谢各位领导和同事在我成长过程中给了我许多关心和帮助；也要感谢我自己，没有志气我挺不到今天，不付出汗水也不会有今天的成长。

于细微处见精神。真理是朴素的，最真切的感动来自于日常生活，在出版社，我看到了那么多可敬可爱的同事。有一位老同志每天都努力学习，提高自己，现在他早已拿下了本科学历，对各种新技术、新事物都很敏感，从一紧张就口吃发展到讲起话来气定神闲；有一位领导修养很好，从来都是和颜悦色，但总能将隐患提前消除，从来都是直截了当，但所有人都乐意找他谈心，他的办公室大家都乐意去；有一位同志每天早晨八点之前都要打扫卫生，除了自己的办公室，还把附近的走廊也打扫一遍，他说这既是打扫环境，也是打扫自己的心灵……这样的人和事，出版社有很多，但正是这些看似琐碎的细节，才筑起了出版社今天的参天事业。

同唱一首歌。四年来，我们携手前进，风雨同舟，见证了出版社发展的风风雨雨，见证了我们这片大树林的蒸蒸日上。在共同的行走中，我们深刻地体会到，出版社是我们共同的家园，而出版社也因有了那么多美丽的小鸟才更显得生气勃勃。正如《同一首歌》里唱的："水千条山万座我们曾走过，每一次相逢和笑脸都彼此铭刻。在阳光灿烂欢乐的日子里，我们手拉手啊想说的太多"。值此出版社 60 周年华诞，让我们共同祝愿：各位同事心想事成，交通出版社基业长青，我们的道路越走越宽广！

（作者系人民交通出版社发行部高级营销员）

千万里的追寻　非一般的应聘

——我的入社之路

夏　迎

每个人都会有一些故事，只是有的平淡，有的传奇。我要讲的这个故事或者说是一段经历，像是记流水账，其实是很平淡的，但平淡里却有些传奇的意味。2003年的春天发生了很多故事，比如说美伊开战、“非典”肆虐以及我跳槽（由某施工局跳槽至人民交通出版社）。跳槽是比较偶然的，但一次偶然，便改变了我一生的轨迹。

东北的春天总比中原大地来得晚一些，虽然已经是2003年的3月份，但松花江上的冰面依然可以行车。我有幸跟随施工局分局副局长出差去黄河小浪底，对进场公路工程进行投标。我们一行三人，沿着下述路线乘火车迤逦前行：吉林省永吉县（施工局基地）－吉林市－长春市－北京市－洛阳市－孟津－黄河小浪底工地。我们在这座黄河上的著名水利枢纽工程的坝前上的宾馆住下，开始了轻车熟路的工程投标：现场踏勘、工程量估算、施工组织设计、制作标书以及大口喝酒。

此行除副局长和我之外，还有一位经济师，我们三人住在一个套间。副局长和经济师不仅酒量惊人，其打呼噜也堪称双绝，并且各有千秋。副局长的呼噜类型比较传统，轰隆隆底气十足；经济师则另辟蹊径，鼾声时而轰轰呼呼，时而尖锐，令人称道的是鼾声在最尖最高点，声音戛然而止，顿时万籁俱静，过了半晌，又开始轰轰呼呼。有天晚上，经济师喝高了，回来后不省人事，侧卧而眠，轰轰呼呼声响彻小浪底，最精彩的是，他一边打呼噜，口角一边断断续续地流哈喇子。他的哈喇子跟别人的不一样，别人的是黏稠液体，他的是白色泡沫，白色泡沫越积越多，把他的半张脸都埋住，随着鼾声的高潮迭起，泡沫也随之浮动，简直让人拍案称奇，叹为观止！

与如此奇人异士在一个房间，估计没人能睡得香。我信步出门，发现宾馆后面有个网吧。网吧、KTV、发廊，这三种场所是我国社会主义文化事业的支柱，为广大人民群众日益增长的物质文化需求提供了强有力的保障，其普及率果然不同凡响，居然在黄河大坝附近的荒凉山头也能找到，看来我们真的走进了网络时代。价格还不贵，1.5 元/小时，我决定上 3 块钱的。打开邮箱，有一封新到邮件，是北京某单位发来的，内容简单明了：我社需要路桥方面的编辑，有意者前来面试，面试时要带上毕业证、学位证、身份证以及英汉字典。（可能是因为我之前在中国交通人才网上注册过，很认真地填写过简历，单位人事通过条件检索，搜到一批，群发了邮件。）

我对此也没什么主意，甚至也没有行动的计划。但是机会却仍然顽强地降临：副局长心血来潮，让我提前返回，把他从洛阳牡丹苗圃里买的几十株牡丹苗带回吉林。我很佩服副局长的闲情雅趣，除了喝酒打鼾瞎忽悠，没想到对于花卉还如此钟爱，并且拿出气死达尔文的勇气，想让长白山开满牡丹花。

我得令而出，一路风尘地从小浪底往吉林赶，在北京转车。从北京到吉林市的火车里，还有一段插曲。没买到卧铺，只好硬座，座位对面是个女孩子，清秀文静，年纪与我相仿。我和她以及其他乘客一起聊天，来打发这漫漫长夜。聊天中得知她是广州人，没来过北方，这次来北方是想看雪。到了北京，没看到雪，于是很不甘心地继续往东北去，目的地是吉林市。吉林市是个美丽的江城，雾凇奇景冠绝天下。我和她云淡风轻地攀谈。天亮了，火车到达吉林市，我和她一起走出车站。吉林市白茫茫的一片，到处是雪，在零下10多摄氏度的空气中，我和她挥手告别。平平淡淡的，不留下一丝云彩。那个时候，我连手机都买不起，自然也没有留下任何联系方式。

打车回到我的大本营——吉林市永吉县口前镇，正好是周五上班时间，传达室的大爷给我一个邮寄单，原来是出差前我在第一次网购的货物——文曲星如期而至。虽然连续数日奔波劳顿，但是我顾不上休息，收拾各种证书，借点盘缠，带上电子辞典当晚又出发进京面试！

在吉林市火车站的候车厅里，我又碰见了那个广州姑娘，她也当天赶回北京，因为看雪的愿望已经满足。这次相遇，气氛显然热烈一些，也许都是离家千里之外，同在异乡为异客，一回生二回熟，我们开心地挥手，就像久别重逢的恋人。两个疲倦的游子，一起候车、上车，坐在一起快乐地聊天，这场火车上的聊天持续了大半夜。我还摆弄起那个新买的电子辞典，并且输进去她的电话号码。到了后半夜，我们彻底支持不住，她斜靠着我的肩头如饥似渴地睡着了，我也揽着她贪婪地入睡。连续坐几天的火车，我们都太疲惫。说句老实话，我还是头一回这么抱着女生入睡，感觉温馨甜蜜。

在天亮的时候，火车进北京站，日期定格在2003年3月25日。这个春天注定不能平静，因为非典此刻已经在我下车的这片土地上潜滋暗长，后来每当我想起这段历程，就有些后怕，况且那天晚上在火车上与我想相依偎的妹子还是刚从疫病重灾区广州来的。我在一片嘈杂声醒来，透过车窗见天色大亮，怀中的女孩依然熟睡如婴儿般甜美，很不忍心叫醒她，更不忍心失去这份缠绵。她还是醒了，我们各自坐正，仿佛昨夜的亲昵已经如同睡意散去。没有什么言语，默默地收拾各自简单的行李，加入出站的人群之中。在站前广场，我们终要分别。

北京的春晨，天很蓝、风很冷。没有拥抱，也没有握手，轻轻挥一挥手，就结束了告别仪式，两个人便消失在这座已经生病的巨大都市中。

我和她的相遇如同两条直线相交,只有这一个交点,从此以后再也没有见过。时至今日,她的音容笑貌甚至名字,我都已经忘却。但是怀中仍有一丝余香常驻。

我坐上104路电车到和平里东街10号面试,门房的胖大爷的京腔京韵确实地道。面试3个小时结束,主管还为我们准备了盒饭,想想确实贴心。下午又返回北京站,买了晚上的车票准备连夜打道回府。我的这次应聘过程确实漫长,在两周之内,从松花江岸到黄河边,来来回回跑了数千公里,大部分时间都是在火车车厢和各个候车厅度过,疲惫的感觉如磐石压身。在北京站附近闲逛来打发5个小时的等车时光,我在邮电大厦旁边的躺椅上睡着,春寒料峭,但是已经顾不得寒冷。简单的行李滑落在地上,我枕着胳膊入睡,做着凌乱不堪的梦,充满着对前途命运的焦灼。生命的轨迹也如同梦一样零乱,郑州、武汉、长春、北京,终点站会在哪里?毕业还不到一年,便经历了如此的辗转反侧和苦苦挣扎,这就是我的命运么?还有那些美丽的女孩,我曾经心爱的姑娘,全都如梦一样消失,留给我的是彻骨的寒冷。

当我再次来到北京,已经是5月底,美伊战争和非典疫情都行将结束。我清晨下了火车扛着行李从北京站乘104路电车到社里报到,一位散步的老太太见着这么一个外地扛包的小伙子迎面走来,立马弹开,身形矫健、步伐敏捷,显然是练过。出版社的小院子安详宁静,种着各色花草和几种蔬菜,丝瓜秧努力地攀缘在搭好的架子上。

按规定为预防"非典",我"隔离一周",从6月1日开始了安定而平和的编辑工作,并且见到了很多"春闺梦里人"。何谓春闺梦里人?大学时代在教室趴桌子上午休,有时候枕一摞书酣睡,因为姿势的原因,口水流在书上,朦胧中依稀可辨被口水打湿的书上印的字:

责任编辑　沈鸿雁　封面设计　彭晓秋

我当时觉得这两个名字太棒了,鸿雁传书、鸿飞满西洲、叶落知秋,诗情画意兼备,内涵丰厚。那时只能对其人停留于想象中,现在居然能同一楼办公,感觉很美妙。而且也确实人如其名。

我当时的办公室是临和平里东街的306房间,窗明几净,茶香悠悠,窗外绿树浓阴。每天骑着自行车,和住宿舍的几位同事一起上下班,大家一起快乐地做晚餐,乒、羽、网、足、篮、排、游泳、登山、滑冰等各项目也都陆续接触到,生活丰富而多彩。

后记:三个月之后,我有了第一部手机。我还曾联系过广州妹妹,发短信、打电话、写信、发电邮。但这只是属于狗尾续貂。我深深地感觉我们已经两个世界的人,对于她来说,我只是一场北方的雪。

(作者系人民交通出版社公路职业教育出版中心编辑)

我的“奥运舞台”

夏　迎

出版社不仅是我的工作单位，还是我的“奥运舞台”。我的青春如同奔流的江河，一去不回，但在出版社所搭建的“奥运舞台”上，那些挥洒过汗水和激情的青春时光，依旧能在我的记忆里熠熠生辉。

我是个体育迷，自少年时代就喜欢在体育项目上达到一种歇斯底里的状态，比如在奔跑的时候，就有种飞翔的感觉，忘我且投入。可是我生活的那个豫南小县城，甚至没有一条像样的跑道。而我的贫困的家庭，也不能给我提供足篮排乒羽网任何一种项目的器材，更别说参加什么运动会了。2003 年来出版社工作以后，当年就参加了部直属机关运动会的登山比赛并获团体亚军，还在部直属机关第二届羽毛球比赛中担任边裁，此后的近 9 年，参加过部里组织的各类运动会和两届足球联赛，甚至参加了中央国家机关运动会。这些“部级”、“国家级”运动会让我近距离领略到了以前只在电视里才能看到的器材、场馆以及比赛场景。我一直都怀着深深的感激,感激出版社为我搭建了一个美妙的“奥运舞台”,让我增长见识,领略体育的力与美,让我有了燃烧激情的机会。

不过说来惭愧,从小时候练田径到中学时候打篮球和乒乓球,以及后来踢足球、打羽毛球和网球、游泳、滑冰等,在这么多项运动中,给我带来“运动生涯最高荣誉”以及能有机会参加“国家级”比赛的项目竟然是跳绳!

在中国,体育运动尤其是竞技项目是属于大城市的。竞技体育项目背后还有体育教育资源在乡镇和大城市之间的巨大落差。当然,落差不仅仅是体育教育资源。而出版社为我在最大限度上弥补了这种落差,给我搭建了一个充分展示自己的平台。

小学3年级初学跳绳,母亲找了根麻绳教我,麻绳很像她的麻花辫子。麻绳抡起来确实很过瘾,速度稳定,抽在身上还不疼,具备很强的观赏性,用于初学者真是太合适了。不过唯一的缺憾是绳子中部会被磨细直至断掉。后来就采用捆扎物品的胶丝绳,绕几圈在手上,抡起来呼呼有声,非常有质感。我还曾尝试过自己搓的棉绳和捡来的电线,但效果都不理想。

二十三年后的2010年,我的“兵器库”中收藏有各种材质的跳绳:各种塑料的,牛筋的,钢绞线的,连珠的,还有变截面的龙花竞技跳绳。就连手柄都分带增重功能的,钢轴承的,还有能够记录和计算卡路里、时间、个数以及换算英制单位功能的智能手柄。跟小时候的麻绳相比,简直就是AK47之于火铳。但小时候,我的家庭只能买得起一根跳绳作为体育器材,但是我把跳绳练到了极致。小学三年级的一次大课间,和同学们玩儿跳绳。规则是每人跳一回,坏了就换人,依次轮着来,谁先到1000个谁就算赢。经过锤子剪子布的抉择,我幸运地先来 。我抡起麻绳开跳,一直连续跳到上课铃响,没有给其他同学任何机会。那年大约是1987年,大概也是在那一年,参加班级的跳绳比赛取得了冠军,成绩是1分钟180次。

我一度认为在跳绳这个项目上,我是个神人。我曾经跟朋友这么吹嘘:“欣赏我的跳绳,不是用眼睛,要用耳朵倾听,用心灵感受。最重要的是感受意境！在一个寂静无人的室内体育馆内，慵懒的阳光从四周的窗子照射进来。我旁若无人在站在木地板上，你坐在旁边的垫子上。我开始了，脚步轻盈如蜻蜓点水，你能听见两种声音的交响：绳子擦木地板的啾啾声，绳子摩擦空气的呜呜声。体育馆内安静而沉闷的空气顿时充满了节奏和韵律，此时绳子变成了小提琴的琴弦，而我的身体化作了琴弓。尽情欣赏吧，这美妙的音乐…”我从小到大，有两个项目可以笑傲江湖：背诗词、跳绳。我能把诗词背得像跳绳，还能把绳子跳得像背诗词。行走江湖，靠的就是能文能武，与众不同。在那个乒羽网足篮排全无条件的时代，跳绳可以让我以全免费不求人的姿态肆意挥洒。

2010年是个好年头，就在这一年，我毫无悬念地夺取了出版社跳绳预选赛的头名，在交通运输部直属机关的跳绳比赛中获得一个亚军和一个季军（我还参加了集体项目，对于两个单项，没有太拼），然后在出版社组织的跳绳比赛中包揽所参加各单项的冠军。紧接着交通运输部在交干院组织集训，备战五年一届的第二届中央国家机关运动会的跳绳比赛。虽然比赛铩羽而归，但毕竟是参加了“国家级”的比赛，而且增长见识。2010年的系列赛事，我获得的总奖金超过￥3000，另外获得一堆运动装备。

不过在那次“国家级”的比赛中，我的神人光环彻底自我破碎。在民族大学的体育馆里，我见识了真正的神人。比赛检录的时候，有个健硕的家伙在高谈阔论，从跳绳的装备谈到空气动力学，然后他说，他的目标锁定在亚军。我就有点纳闷，这么高傲自信的人，为何只锁定亚军，难道还有狠人？没想到比赛场上，这位更狠的家伙跟我一组。先描述一下这个人的外形：五短身材，壮硕无比，身着小白紧身背心，肌肉发达，腹部六块轮廓清晰。绳子也是代表器材界的最高水准——龙花竞技跳绳。再说跳绳的速度吧，我的30秒单摇的历史最好成绩是135次，以这个令人崩溃的高速跳绳，最多维持40秒。而那位狠人，以30秒135次的速度维持了3分钟，最终成绩锁定在810次，简直就是一台机器！

先不谈这位神人，就说当时赛场旁边的空地上，有一位与比赛无关的跳绳爱好者，在玩儿花样跳绳。他的装备和动作再一次刷新了我的想象，而他说在他们跳绳协会，他的水平仅仅中等。他说这话的时候，我想起了《天龙八部》里面的那个扫地僧。比赛结束之后，我上网搜集了大量资料，包括视频。有河南洛阳的河洛跳绳队，上海花样跳绳队，一代绳王胡平生的龙花绝技，还有欧美一些跳绳高手无止尽的技术和体能展示。真是太眩了，这才体会到山外有山和博大精深两个词的含义。

其实那些“运动生涯最高荣誉”、“国家级”等说法，终究是笑谈，最应该感谢出版社搭建的“奥运舞台”，借跳绳这项运动，让我在青春已经转身离去的时候，终于真正歇斯底里了一把。出版社搭建的舞台岂止是“奥运舞台”这一个？只要你拥有足够的毅力，付出足够的汗水，这些舞台必定能让你展示出你最眩的那一面。

（作者系人民交通出版社公路职业教育出版中心编辑）

放飞希望

潘艳霞

2011 年我结束了学生生涯，一个偶然的机会使我与出版结缘，并有幸成为人民交通出版社的一员。对我来说，这并不是终点，而是一个崭新的起点。在这里，我找到了一个属于自己的精神家园，结识了很多朋友和前辈，并收获了友谊和进步。在社庆 60 年之际，回首出版社的生活，使我感受颇多。审读加工不仅需用手工作，更重要的，还需用心审读。

审读，说小了是“咬文嚼字、修瑕饰玉”，说大了是“鉴赏家、评论家、学问家”。还记得刚入社时，一些老同志经常教导我们要用心去审读每一位作者的来稿，传授我们做笔记、记体会的方法，有时，当我想承担些力所能及的劳动时，他们为了让我安心工作，会开玩笑地对我说“快，工作去”“别和我抢啊，我正好运动一下”，一代代出版工作者对工作的热情、对同事的亲情以及对生活的激情，激励着我们这些年轻人必须努力做好自己的本职工作。在不敢有丝毫懈怠的同时，我深知，审读加工不光要有一腔热血和扎实的专业知识，更重要的是要有一颗善于发现的心，要对每一份稿子精雕细琢，认真研读。或许是由于对书独有的情结，在出版社的工作每天都很忙碌，有时总会不自觉地延伸到8小时之外。当全身心地投入到工作中时，我发现，静静地加工稿子不仅是一种学习的过程，更是一种享受的过程，同时也享受着那种因工作忙碌而带来的充实感和喜悦感，并以此而感到快乐。

记得社里的领导经常教导我们“书稿审读是保证出版物整体质量的主要手段，在审读加工过程中，再怎样仔细都应不嫌过分，再怎样用心都嫌不够”。尤其是我们交通出版社，涵盖了路桥、汽车、水运、土木建筑、地图等各个专业，作为交通出版社的文案编辑，既要对各个专业都有所涉猎，又要对自己所学领域有扎实的专业知识；既要用手，找出稿子中的每一个错误，更要用心，将作者的思想融入其作品中。可以说，审读的过程，是追求内容和形式完美统一的过程。通过编辑的修改、删减、增补和润色，使原稿刮垢磨光，为稿件拾遗补缺，给稿件“梳妆打扮”，使其更为精粹、更臻完善、更受读者欢迎。因此，我们必须以鸟瞰的眼光，站在更高的水准、更前瞻的角度、更敏锐的视野来审读加工书稿。

作为一名新的编辑，我理当继承老一辈的优良传统，秉承“立足交通、服务交通、服务社会”的宗旨，用心审读书稿，“学无止境，达者为师”，时刻保持谦虚谨慎的工作作风和积极学习的向上精神，为成为该领域的领跑者而努力。在出版社60周岁生日之际，我们新编辑更应在前辈留下的宝贵物质基业和精神财富的基础上，放飞希望，具有不断学习、不断进取的锐气，使出版社更上一层楼。

（作者系人民交通出版社审读加工部编辑）

我和“出版”有个约会

尤晓玮

1952年12月8日，是人民交通出版社成立的日子。白驹过隙，时光荏苒。2012年12月8日即将迎来她60周岁生日。为了庆祝这一光辉的历史时刻，我社组织了“我们共同走过”大型征文活动，作为一名与出版有缘的人，十分迫切地想与大家分享我与人民交通出版社相识、相知与携手的点点滴滴。

【壹】·相识

我和人民交通出版社的关系，也许要追溯到1988年。

那一年夏天，我参加了一年一度的高考，在当年的9月份进入了重庆交通学院道路工程系学习，当时学习的是公路与城市道路工程专业。由于在进入大学之前对交通的了解并不多，所以这个学科对于我来说还是一个未知的领域。

大一上学期的课程中，有一门重要的基础课程《道路工程制图》，当时我们所使用的教科书就是人民交通出版社出版的，第一次对人民交通出版社出版的图书有了初步的认识。通过了解，知道了人民交通出版社成立于1952年，是我国交通专业图书最为权威的出版机构；通过了解，知道了人民交通出版社从上世纪50年代译介外版著作、编辑出版杂志，到60年代后期的业务基本停止和70年代初的逐步复苏，再到80年代后的探索奋进的业务发展历程；通过了解，知道了几代“交通出版人”筚路蓝缕，孜孜以求，用自己的艰辛和智慧，开创了有交通特色的出版事业；通过了解，知道了人民交通出版社积累了珍贵的实践经验，沉淀了厚重的企业文化，赢得了业界和读者的广泛认可与赞誉；通过了解，知道了人民交通出版社有一大批图书荣获国家、教育部、交通运输部的奖励，连续几届被中宣部和新闻出版总署授予“全国良好出版社”称号，被新闻出版总署评为“讲信誉、重服务”出版社。

《道路工程制图》是我国同济大学著名的郑国权教授编写的。通过学习，知道了《道路工程制图》是第一门体现工科特点的入门课程，工程图样是工程界共同的技术语言。掌握合乎规范的制图能力是工科学生的看家本领之一，也是社会衡量一个工科毕业生的试金石之一。也正是从这本书的学习开始，我就与人民交通出版社结下了不解之缘。

【贰】· 相 知

光阴似箭，四年的大学生活让我和交通版的图书有了更亲密的接触。由于所学的专业是公路与城市道路工程，在大一的上学期，学的几乎都是基础课程，从大一下学期开始到毕业，所学课程使用的都是交通版的教材。从《基础工程》到《桥梁工程》，从《公路勘测设计》到《隧道工程》，如今细细想来，大学期间学过的每一本书都承载了我大学四年最真、最美好的记忆。

泰戈尔曾说：“进入书，我们伫立在千百条道路的交叉点上。有的路通往无边的海洋，有的路通往绵延的山脉，有的路向幽深的心底伸展。不管你朝哪个方向奔跑，都不会遇到障碍。在这个小小的地方，软禁着人的自我解放。”时间匆匆，四年的学习转瞬即逝，唯有书默默地在身后支持着我。寻觅往事，历历在目，万千情结交织，似在眼前。由于我出身于皖北的一个贫穷小山村，直到现在我所在的县城还是安徽省贫困县之一。在我的童年记忆中，仿佛搜索不到什么温暖的画面，相反，每当我回首往事，脑海中总是一幅幅泥泞、寒冷的黑夜场景。那个时候到底有多穷，我已经记不起什么可靠的数据了，但是我知道那时没电，家家都是昏暗的煤油灯，住的都是用茅草和泥盖起的房子。童年的学习与生活就是在这样的环境下。最主要还是吃饭的问题，最基本的温饱问题也是赶上好年景、风调雨顺庄稼收成好才行。不过好像年年都要经受旱涝灾害，所以吃野菜是童年的必修课。那个时候最喜爱过年，因为过年就可以吃到肉，还可以吃到一些其他的水果和糖果。好在终于考上了理想的大学，并且很幸运学了交通类专业，又接触到这么多交通类的图书，有的都是惊喜与激动。

对我来说，读专业书是一种享受，我想这种享受不是每个人都能体会的到。能享受到读专业书的乐趣依我看来也需要缘分。缘深，似乎成了书呆子，愚不可及；缘浅，则开卷无益，掷书而茫然。而于我，却醇香适当，恰到好处。至今，我还保留着大学四年读过的每一本书，忙里偷闲，还会在书架前伫立良久，每每翻看，都会有些许的回忆与感动，或许这些就是我在青涩、懵懂的岁月里读过的最好的书。

1993年7月大学毕业，我被分配到北京交通管理干部学院工作。由于以前没有来过北京，所以对北京还是非常向往。蜿蜒盘旋于崇山峻岭间的长城，紫气腾聚、如诗如画；神秘肃穆的天坛，是“天人合一”思想在建筑上的完美体现，人与天的沟通，仿佛因此而更加顺畅；拥山抱水、气象万千的皇家苑囿颐和园，在穿越了漫长而苍凉的历史后，依然芳华绝代，挥洒着无尽的魅力；鳞次栉比的高大建筑、四通八达的宽广道路以及在辉煌文化映衬下的城市景观，显露出北京勃勃的生机、和谐持续的无尽动力。可是真正到了北京才发现，单位的工作地点却在河北省燕郊开发区。那里离北京很远，单位周边都是玉米地，交通不便，也没有公交车。眼前的种种，让我感到曾经精心设计的美妙未来，曾经细致描绘的多彩人生,却以自己始料不及的另一面呈现于眼前。

刚参加工作的那一年,迷茫、惆怅一直包围着我。可是作为一名专业课的教师,讲好课应该是最基本的要求。于是,我开始重新思考人生。因为思考,所以有了一份宁静淡泊的心态;因为思考,所以有了一番对工作的重新规划;因为思考,所以有了一种遨游书海的雄心壮志。我上课之余,几乎都是在图书馆度过的。那些年,我开始阅读了许多交通版的教材与科技著作。不知不觉中自己的讲课效果和能力有了很大的提高。现在回想起来,或许就是交通版图书的力量吧。

1996 年,经过熟人的推荐,我成了一名人民交通出版社的社外加工编辑。那时的稿件挺多,每每从出版社取回一本,我就迫不及待地利用一切可以利用的时间,认真地进行加工和编辑。说真的,我享受这份学习的过程,珍惜出版社给予的机会。同时,也真正地感受到成为科技编辑的基本功:首先应该是博学。作者要长于专深,而编辑要长于广博,也就是我们平时所说的要成为"杂家"。如果编辑不具备深厚的文学功力,就不能确定作品的风格;不了解一定的科技专业知识,就不能判定一部作品在一定领域中的位置;不具备一定的美学知识,就不能为一部作品在色彩语言、装饰语言、字体语言上定位等等。其次是通识。一名合格的科技策划编辑,不能只是机械地学习文化知识,而应该将知识融会贯通,既要通学识,又要通世识;既能够从全局看到局部,又能够从局部透视全局。要融会世道和学道,不能为自己的成见所蔽,混沌不清。第三是专能。编辑应精于"编辑语言",精于写作的能力和以编辑语言表达思想信息的能力。只有精于"编辑语言",才能为图书产品在市场上确定好位置,才能真正实现其应实现的价值。

有了这样的认识,加上我的笔耕不辍,在 2002 ~ 2010 年的 8 年时间里,我相继公开出版了《现代道路路基路面工程》、《现代道路勘测设计》、《公路工程》、《现代交通工程学》、《高速公路路面养护工程施工监理实务》、《土力学》、《道路工程概论》、《公路养护与管理》、《交通建设工程环境保护监理考试指导与模拟题解》《一线工人必读》等 20 余部专业教材和技术书籍,圆了我的出版梦。

【叁】·携手

2010年10月,我从交通运输部管理干部学院调到人民交通出版社工作,随之我与出版真正结缘。之前,一直从事教师工作的我,对于出版和编辑,虽有点认识,但始终感觉还是个典型的门外汉。无论从概念上还是从感情上,似乎都突然觉得有些陌生,甚至还有些遥远。然而,也许是由于多年来我对书的独有情结,或多或少地拉近了我与出版的感性距离。

在人民交通出版社工作的这段时间,似乎时间过得很快,感觉每一天都很忙碌,也经常会感受到那种因工作忙碌所带来的充实感和喜悦感,每天的忙碌让我感到了特殊的生命意义与价值,出版和编辑对我来讲意味深刻,我突然觉得,从此,我已经真正属于出版了……

2011年8月15日至8月26日,我有幸参加了中国版协科技出版工作委员会主办的第七期全国科技出版社策划编辑培训班。十几天来,那一双双如饥似渴的求知双眸,那一幕幕与我交换过的粲然微笑,那一句句满溢关切之情的谆谆教导,教我无论如何也不能够也不会把这所有的一切淡淡地吹散,默然地忘记。每一次课下来,我的内心总是被一种美妙的东西充盈着,让我很满足,很愉悦,也很充实,犹如美餐后的那种舒适与惬意,让我沉浸其中,回味余长。

记得中国近代出版第一人张元济曾说过:“盖出版之事业可以提携多数国民,似比教育少数英才为尤要。”足见我们所从事出版工作的意义。正是因为这点,我更要端正自己的工作态度,树立自己的责任意识。在社里,曾听过一位同事对编辑做过这样一个比喻,听后很感动。如果说作者给了图书生命,那么编辑则如同产科医生,是新生儿的守护天使,对他们的安全诞生起着重要的作用。编辑在图书出版过程中承担的责任决定了他对图书必须像医生对待新生儿一样,必须全力以赴地保护他,我很荣幸踏入了这样一个行业。

我深知,作为一名策划编辑,是需要有对书籍发自内心的喜爱。策划编辑通过自己的创造性劳动把好书呈现给读者。我认为,呈现本身,就是一件崇高而美妙的事情。只有热爱编辑职业,你才能变得专业。在他们的生命中,对于出版,是倾注了无限忠诚的热爱。正是这种爱的力量,使他们能够不辞辛苦,敢于挑战,勇于开拓,不断为社会大众提供健康向上,符合时代潮流的精神产品和知识食粮,引领人类的文明和社会时尚。而这,正是我加入出版行业的魅力所在,也是热爱的源泉。

同时,我认为要做一名合格的策划编辑,还必须具备以下四种意识:一是要有全局意识。全局意识在编辑意识中占有极其重要的地位。全局意识是编辑人员政治意识的具体体现。编辑应自觉树立全局意识,做到心系大局、服从大局,在编辑出版工作中涉及重大原则问题时,都应同党中央保持高度一致。二是要有超前意识。编辑在思想和文化知识方面不断更新,淘汰旧我。只有站在时代的前沿聚焦前方,以超前的理念认识世界,才能具有编辑职业的敏感性,主动积极地接受新的信息,并能快速、准确地鉴别、判断新信息的价值,成功策划选题,编出好书。三是要有组织与沟通意识。编辑要把与读者、作者的沟通交流当作自己的需求和乐事,编辑只有长期保持与读者沟通渠道的畅通,及时了解受众的需求,才能策划好选题,加深与作者的感情。四是要有责任意识。编辑的责任意识须贯穿于编辑工作的全部过程,包括策划选题、组稿、设计版面,甚至校对,编辑都要绷紧责任这根弦,反复推敲,编辑加工过程认真仔细,总之,尽力把差错消灭在成书之前。一本图书的质量,到底关系着多少人、多少问题,每一个人身上都有一份沉甸甸的责任。我深深体会到,自己对书稿的任何一个改动都关系重大。一个数字、一个标点都可以影响读者对书中所述之意的理解。一本质量不合格的图书,对读者的影响是永远都无法弥补的。这些都提醒我在今后的工作中,要认真严谨地对待每一本图书、每一个细节。

回首走过的日子,简单,充实,多彩,快乐。一路走来,感觉书香一直跟随我左右。轻轻抚摸书中的脉络,细细品味书籍的内涵。那行云流水的语句,雨花缤纷的意境,让我着迷,唤醒了我沉睡的心灵,像花瓣绽放在春阳中一般,我愿和出版永远相伴,与书香相随。

如果说出版是一片深林,那么我只是摘了一片绿叶,藏于书桌间。

如果说出版是三千弱水，那么我只是取了一瓢清水，喝进肺腑里。

如果说出版是万种柔情，那么我只是得了一眸温存，依偎它身旁。

剪不断的编辑情愫，道不尽的出版热爱，一个甲子，承载着光荣与梦想。

刹那间，我突然觉得，幸福宛如安谧的静夜，一杯绿茶，香溢斗室；一缕墨香，澄澈思绪。今后，我将拈花微笑，奋然前行……

是的，我记得，我说过，尘世充满浮华，幸有书籍可读。

（作者系人民交通出版社综合管理部副主任）

建一流的交通史书编撰出版基地

——访人民交通出版社原社长、交通史学专家魏启宇

张征宇(人民交通出版社综合出版中心主任,以下简称张):魏老,编撰出版交通史书有何历史意义?第一轮交通史编撰出版取得哪些成果?

魏启宇(以下简称魏):盛世修史,十一届三中全会之后,随着经济建设高潮的到来,也带来思想文化的解放,全国性的编史修志工作也随之全面展开。在这一历史背景下,交通部发动了交通史书的编写出版工作。在上世纪80年初,先后向各省交通厅、各港航企事业单位发出编写中国航海史、中国水运史、中国公路交通史的文件,相应地成立中国航海史研究会、中国公路交通史编委会,具体负责领导推动全国交通史书的编写工作,并由交通部几位在职的部领导分工主管。其中航海史、水运史编写工作由彭德清部长、贺崇升副部长领导,公路交通史先后由潘琪副部长、王展意副部长领导。先后召开了全国性的水运史、公路交通史编写工作会议。此后,交通系统的编史工作就全面展开。

为什么要编写交通史书？它有什么历史意义和价值？我个人和交通行业的领导和编史人员，对此都有一个逐步深化的认识过程。

文化是民族的灵魂，历史是文化的核心。党的十七大报告中指出："当今时代，文化越来越成为民族凝聚力和创造力的源泉，越来越成为综合国力的新要素。"加强我国社会主义先进文化的建设，对增强综合国力，增强民族的创造力和软实力，具有十分重要意义。

西方著名历史学家汤因比说过，全人类中曾经有26种文明，有的说有64种文明，但是多数文明现在已经淹没消亡了。原因何在？有的文明如"印加"文明就没有文字，多数文明没有记述历史的书籍。有句名言："一切历史只是写下来的历史。"没有写下历史的文明，后人也就不知其详了，文明也未能传承下去并逐渐消失了，甚至整个民族也被溶合、同化了。中华民族有5000年文明，连绵不断，其文化和民族精神有很强的生命力，这要归功于历朝历代留下来的浩如烟海的历史书及其所记述历史过程、思想哲理和自强不息的民族精神。所以说：历史是文化的核心。

西方文明也有其特点和优良的传统。英国人就说过：我们宁愿失去印度和英国国王王冠上的明珠，而不愿失去莎士比亚。中华文明产生了司马迁、司马光、鲁迅等史学与文学的巨匠。他们为中华文明增光添彩，是中华民族的瑰宝。

从宏观到微观，从全局看局部，我们就可以理解编写水路交通史书的意义了。

编写中国交通史书的作用在于：记述千百年来交通事业发展的历史进程，记述交通事业从古至今历史上的工程奇迹、运输伟业、建设壮举。记述古往今来交通从业人员顶狂风、战恶浪、艰苦奋斗、团结协作所创造的业绩和精神，记述历史上以郑和为代表的一大批杰出的航海家和交通事业建设者的丰功伟业。梁启超就说过：郑和是国史之光。最近美国《时代》周刊发表文章，称赞郑和是中国与世界和平的一个象征，他是一位友谊大使，他不伤害任何人。郑和的光环，可以提高中国正在萌发的软实力。

我们已经撰写的交通史书和将要撰写的交通史，既是一种事业发展史，也是一种文化和精神史，我们将从历史中吸取历史唯物主义和爱国主义的可贵教益和精神力量。并透过交通事业发展进程反复的历史现象，从中总结正反两方面的历史经验，鉴古知今，古为今用，开创更为辉煌的历史新篇章。

交通史书的编撰出版工作，至今已延续30年，取得丰硕的成果。交通史书分两大类，即水运史和公路交通史，其中主体部分是中国水运史丛书、中国公路交通史丛书。这两套丛书共约200本、6000万字。未列入丛书的还有中国航海史，郑和下西洋(6本)，各地市、县交通史，中小型港航企事业史，等等，共有几十本。长江航运系统共编写出版的史书就有54本，1400万字，其中只有一部分史书是在人民交通出版社出版的。

中国地方志书的编纂有着悠久的历史传统，我国现存最早的地方志，是公元813年唐代李吉甫编的《元和郡县志》。上世纪80年代初，我国全面展开地方志的编纂，国务院还发布过《地方志工作条例》。各地编纂地方志中，都包括公路志、航运志、港口志等。这些交通志书多数是在当地出版社出版，也有少部分送到人民交通出版社出版，共计约有50来本。

上述交通史书、志书，经我手审定出版的约有100本。我最后审阅的一本史书是2009年出版的《朝阳市交通史》，最后审阅的一本志书是2010年出版的《山西省公路志》。

张：新时期编史工作有哪些特点？交通史在我国行业编史方面所处的地位如何？

魏：新时期史学的研究和史书的编撰，相对于传统史学来说，有其自身的特点。

首先是中外传统史书的编撰，基本上局限于政治史，史学政治化，历史典籍主要记述一个时代的政治活动，几千年一脉相承。这在欧洲也有同样现象。19世纪末，在欧洲史学界曾经出现过一场大的争议，争论的题目是史学研究的范围是什么？以兰克派为代表的政治史学派认为，史学固有研究的对象是政治，以布克哈特为代表的文化史学派则认为，政治史只是文明史的一个方面，除政治外，其他如艺术、法律、经济、技术等等都应该属于史学研究的范围。争议的结果，使史学研究及史书编撰突破旧有狭小的范围，使史学研究出现多样化的繁荣局面。我国在“五四”运动之后，也开始出现一些文学史、经济史、交通史等类的专业史书。交通史方面有龚学遂的《战时交通史》、白寿彝的《中国交通史》、冯承钧的《中国南洋交通史》等几本，内容单薄，每本书也只有十多万字。新中国成立后，交通史的研究和史书的编写有所开展，但发展缓慢，交通史著作屈指可数。只是在改革开放后，推动史学的研究向广度和深度演变，也推动交通史书大范围地开展起来。

其次史学著作，有通史和专史之分，通史是关于一个国家、一个民族或一个地区的政治、经济、文化、军事、科技等方面综合性的叙述。专史是关于某一行业和某一领域、某一专题的专门性的阐述。通史反映历史的全局，专史反映出历史的局部或一个侧面。交通史是一种专业史，也是一种经济技术史。交通运输业的主要职能是进行客货运输，是国民经济的一个组成部门，所以说它是一门经济史。另一方面，交通的发展，离不开道路桥梁修建、汽车修造、航道、港口、船舶的建设，这些都属于工程技术范围。具体到各部交通史书的属性又有所不同，如油运史，则完全属经济史，桥梁史则是技术史，中国航海史则是一部经济技术史。

第三，交通运输业涉及面很宽，特别是进入现代，各种关系更为错综复杂，研究交通史学、编撰交通史书，同样与各种学科存在交叉、融合的关系，认识和掌握交通史与其他学科的关系，有助于我们从事交通史学的研究，编好交通史书。一是交通史与交通运输经济学，它们是相互联系又有区别的。交通史是从纵向阐述交通运输业发展的历史过程，交通运输经济学是从横向叙述交通运输经济的理论结构。在编撰交通史书时，不可对交通业的名词以及运输理论解释过多，主要是扣住交通事业发展历史的主题。二是交通史与历史地理学。我国传统史学中，对历史地理学的研究著述不多，近代以来，出现了不少名著，如谭其骧的《历史地理图集》,朱鉴秋、李万权的《新编郑和航海图集》等。编写交通史,既要有严格的时间概念,也要有准确的空间概念,熟悉历史地理学,是我们编好交通史书的一个必要条件。三是交通史与考古学。我国考古学在近代特别是建国以后取得很多新成果,编撰交通史书,要充分利用有关考古成果,必要时,也可以直接进行考古和实地踏勘。如陕西省榆林县交通局为编写《榆林县交通志》的需要,编史人员经过实地考察,搞清了秦代所修筑的"直道"在榆林地区的线路,填补了历史研究上的空白。上一轮编史过程中,进行了多处考古工作,颇有成效,今后还应重视这一工作。

第四,历史结合现实的研究。承先旨在启后,继往为了开来。研究以往的历史,归根到底是为了开创新的历史。我国传统史学,也曾提出"述往事,思来者"的观点,我们在新的历史条件下编史,更应该重视为现实服务的问题。一是指导思想的启示,例如明成祖的对外开放政策,派郑和七下西洋,扩大经济文化交往,促进国家海洋事业及海洋文明的发展。二是吸取历史上制定政策以及执行政策的经验教训。例如招商局在历史上曾经一度实行单船承包制,结果因承包者大量夹带私货和偷漏运费而以失败告终。三是体制管理上的经验教训。例如沿海港口由地方管理或由交通部直接管理,几上几下,经验教训很多。四是交通运输规划布局。历史上道路、驿运、港口、公路网、航道网的布局,可以从历史上找出其发展的轨迹,为现实提供参考。此外,关于运输组织、工程建设、交通技术等等方面的成败得失,历史与现实都有着一定的联系。史书是以研究过去为起点,以服务现实为归宿,从而更加丰富史书的内容,提高史书的水平。第一轮编史中,有不少史书如《秦皇岛港史》、《上海港史》、《甘肃公路交通史》等,在这方面做得都是比较好的。

我国各行业的编史工作都是在改革开放之后兴起的,我见到第一本专业史书,是水利出版社于1979年出版的《中国水利史稿》上册。此后,水利行业陆续展开史书的编撰,出了不少史书,如《黄河水利史述要》、《松花江水利史》等。其他如铁道、邮电等行业,也编撰出版过不少各行业的专业史,如《中国铁路史》、《中国邮驿发展史》、《中国邮电发展史》

等等。各行业还相应成立负责组织推动编史工作的机构，如过去的邮电部成立有“文史办公室”，水利部成立有“水利史研究会”，我与该会的研究人员还曾经进行过交流。交通史书的编撰无论编史延续时间、编史范围、出书数量，在各行业中均处于领先地位。交通史编史时间已延续30年，现在又在开展第二轮的编史工作。编史范围基本上涵盖各省、各重点企事业单位，还有郑和下西洋、江西苏区运输史等专题性的史书。出书数量也较其他行业要多。总之，这是交通行业在新时期进行的一项重要的文化工程，功在当代，利在千秋。

交通史书，从历史学的角度看，与其他史书是有共性的，它都是反映历史发展过程，都有存史、资治、教化的社会价值。但交通史又有其特殊性。从宏观上看，世界文明和中国文明的发展都与交通运输的发展关系密切。人类古代文明如埃及文明、印度文明、巴比伦文明，大都起源于著名的大河流域，中国文明起源于黄河流域，主要是由于这些河流有灌溉舟楫之利。道路交通，有人类就有道路，它对世界文明和中国文明的发展有极其重要的作用。1958年国际上举行过一次学术讨论会，议题是“道路汽车化对世界文明进步的影响”。有人说：现代的文明就是车轮上的文明。可以说，交通是人类经济生活和社会生活以至于一切文化活动、军事活动的基础，是一切人类政治社会和经济结构的基层结构，是一切文明建设踏脚石，是人类社会发展的必要条件。从而也就决定记述交通事业历史发展进程的重要性。从古至今，各个行业都是社会结构中的重要组成部分，其所编撰的史书同样有重要的历史价值，但交通行业更有其特殊性，我们在研究交通史学、编写交通史书时对其要有充分的认识，进行必要的、充分的阐述。

张：人民交通出版社在第一轮交通史编撰出版过程中发挥哪些独特的作用？交通史书的编辑出版对人民交通出版社的发展有何影响？

魏：交通史书的编撰和出版，是相辅相成的两个重要环节。人民交通出版社在交通史书编撰出版过程中发挥了独特的作用。

首先，是参与策划推动以及具体组织领导工作。这方面的作用主要体现在《中国水运史丛书》编写过程中。1979年召开中国航海学会第一届代表大会上提出编写出版《中国航海史》。会后，航海学会副理事长周启新到人民交通出版社找我们商量，我们表示完全支持。从提出编写《中国航海史》以及见到《中国水利史稿》出版之后，我们就提出应该编写一整套中国水运史丛书的建议，这一建议得到交通部领导的同意，特别是彭德清部长对此十分重视。为了推动领导全国水运史书的编写工作，是成立一个编委会还是用别的名义？我们认为应借鉴水利部成立水利史研究会的经验。出版社向部建议，在中国航海学会下面成立“航海史研究会”，具体负责推动和领导水运史丛书的编写工作。出版社的同志参加研究会成立的筹备工作，起草了研究会的章程，参与酝酿研究会领导成员组成的名单。1981 年 10 月，在杭州召开的中国航海学会年会上，正式成立中国航海会研究会，由交通部贺崇升副部长担任研究会的主任委员。水运规划设计院院长王大勇担任第一副主任委员，负责日常组织领导工作，人民交通出版社原副社长丘克辉担任研究会副主任委员，后由我接任副主任委员。直至 1996 年，水规院都是航海史研究会的挂靠单位。1986 年初王大勇同志去世，我曾代理过第一副主任委员，在贺副部长领导下，全权负责研究会的日常工作一段时间，后仍转给水规院负责。1997 年，航海史研究会挂靠人民交通出版社，贺副部长已退出一线，由高镇都社长担任航海史研究会主任委员，直至 2007 年研究会转给大连海事大学主管。由上可见，出版社在具体推动组织领导史书的编撰工作中，发挥了重要作用。

其次，交通史书写什么？如何写好？涉及一系列史学理论和编史方法问题，出版社与航海史研究会及公路交通史编委会合作，提出很多有益的意见，对编好交通史书起到一定的指导作用。编写交通史书，涉及以下一些问题：一是编史的指导思想和原则；二是史料的收集与整理；三是史书应包含的基本内容；四是史书的时间断限，交通史一般要求从远古写到现代，从远古至 1840 年为古代史，1840 年至 1949 年为近代史，1949 年新中国成立以后为现代史；五是史书的体裁体例的统一；六是交通史书的性质和特点；七是史书的篇目设计；八是史与论如何结合；九是对重点、难点、疑点问题的处理；十是对史书文字表述的要求等。为解决这些问题，交通部、中国航海学会、公路交通史编委会发过文件，部领导有过多次讲话，开过多次编史工作会议和学术讨论会，交流经验和意见，也请历史学专家讲过课，我们出版社的同志也在各种会议和杂志上发过言或发表过文章。我个人也做出过一些绵薄的贡献，在会上发言有过几十次。还写过一本关于交通史学理论方面的书，书名是《交通史学概论》，兰州大学出版社 1990 年出版，此外，我在报刊上发表的文章有多篇。书中和文章中提出观点，基本上为交通史学界所认可。在编史过程中，对有些问题也出现过一些分歧，走过一些弯路。出版社对交通史书的体裁，提出统一采取编年章节体，并将这一体裁归纳为 16 个字，"以时为经，以事为纬，编章分期，节目分类。"但有的公路交通史书，采用一种史志不分的混合体，将史书的内容分为三大部分，又称"三大块"，即历史综述、专题论述、分项论述，形成一个横向叙述大于纵向叙述的结构。这是 1985 年在太原会议召开的编史会议上发现的，与会的同志对此提出质疑。我与石道全代表出版社参加了这次会议，我们力主改变这种"三大块"的写法，我在总结会上作了一个长篇发言，支持会上编史人员提出的史与志的写法应有区别的意见，力陈交通史书一律要采用编年章节体。会后，部编委和出版社的同志向王展意副部长汇报（公路交通史编委会主任）。王副部长明确表示同意采用编年章节体，也可加一点专题，从而确定了公路交通史书编写体裁及编写内容的走向。

第三，关于在编史过程中交通史书审稿的问题。为了保证交通史书的质量，我们对交通史稿采取多层次审查。首先是史书编写篇目的审定。一部史书的篇目设计很重要，它是一部史书的纲，纲举则目张。篇目设计是否得体，将直接影响一部史书的质量，需要认真筹划，精心安排。就如同建筑一栋房屋一样要精心设计，设计不好，后患无穷。一些重点史书的篇目纲要，都要拿到北京来审查，由出版社与航海史研究会或公路交通史编委开会讨论审核。有的做部分修改，也有被全部否定的。审定的篇目不是一成不变的，编史人员在撰写过程中还可根据实际情况进行调整修改。对交通史书书稿本身的审定采取三审制，即编写单位自审,邀请内外部专家讨论审查,最后送航海史研究会、公路史编委会与人民交通出版社终审。我们出版社很重视二审,不少审稿会特别重点书的审稿会,都有出版社的编辑参加。编辑工作很忙,一年到头各处奔波。我个人参加的审稿会、编史工作会议、学术讨论会就有几十次。仅《中国航海史》就有十余次,《中国船舶检验史》有6次。我们的编辑同志在审稿会上一般对史书内容、体裁体例、论述的观点,都能提出一些中肯的意见,发挥一定的作用。编辑同志提前进入史书编写情况,就为最后对史书进行编辑加工提供了有利的条件。

第四,史书的编辑出版。这是交通史书成书的最后一个环节。也是保证史书质量很重要的环节,这是完全由出版社独立完成的,我们必须精心编辑加工、精心印制出版。交通史书在编史过程中虽经多次审查,但仍在内容取舍、篇章结构、文字、体例等等方面,或多或少存在一些问题。出版社本身有三审制,编辑同志在这一过程中,工作都很敬业,能够改正史稿中的不少问题,补了很多漏洞,最后出版的史书,质量基本上是能保证的。我个人加工、复审、终审的史书不少,对书稿的问题多数都有纪录,后来我写了一篇文章,题目是《史稿记瑕》,将所发现的错漏归纳为12个问题,这些可供后来的年轻编辑同志参考。

大量交通史书的编撰出版,使人民交通出版社出版图书结构和机构人员都有所改变,引起领导部门对人民交通出版社的重视,在交通行业和学术界建立了广泛的人脉,提高了人民交通出版社的品牌效应,提升了人民交通出版社的知名度。在人民交通出版社60年的历程中,大量交通史书的编撰出版,是一件大事,是一项大的出版工程,对人民交通出版社的发展有着重要意义和影响。

首先是出版图书结构的变化。在上世纪80年代前,人民交通出版社完全是一家科技出版社,出版的图书的基本上只有交通科技、交通专业书,交通人文方面的图书可以说凤毛麟角。自80年代后,大量交通史方面的图书列入出版议程,如前所述,出版的史志书在250种以上,约7000万字。科技书由于技术的日新月异,生命力都较短,出版社几十年来出版的成千上万种交通科技书,随着时移世易,大都被不断淘汰和更新。而出版的交通史书，有很强的生命力，多将成为传世之作。由于出版交通史书，人民交通出版社编辑人员都有所调整，成立了综合编辑室，充实了一批学历史、中文方面的编辑，他们与学理工科的编辑，在专业上及工作上有某种互补性。此外，这些交通史书的出版，全是由各编史单位带钱出书，每本书的纯利润，多则几万元，少则有几千。人民交通出版社在经营上，可以说是旱涝保收。

其次，自从人民交通出版社参与组织推动并承担交通史书的编撰出版工作以来，得到交通部领导进一步的重视。交通部领导多次来出版社跟我们商谈有关推动史书编撰和出版事宜。彭德清部长就来过出版社三次。作为一个正部长这样频繁地光顾交通出版社，这在出版社 60 年的历程中是没有的。1983 年初，彭部长还与贺副部长一起来出版社，还将交通部编制办公室主任也带来了，指示我们要成立一个专门出版交通史书的编辑室。当时出版社的编制机构设置，是要经交通部编办审批的。彭部长为编史书之事，还亲自到过我家里，要求我花较多精力，抓好史书的编辑出版工作。为推动交通史书的编写出版，在上世纪 80 年代初期用交通部的名义发过 6 次文件，要求各省市及部属一些重点单位开展史书的编写。还专门发文，规定各部交通史书一律在人民交通出版社出版。以上说明，交通部对交通史书编撰的重视。对交通文化建设的重视，也相应地提高了人民交通出版社在交通行业的地位。

第三，在交通史书编写出版过程中，提高了人民交通出版社的知名度，产生了良好的品牌效应。上一轮参加编史的单位有各交通厅以及各重点港口，直属的长江航运局、中远公司、招商局等单位。各编史单位都成立由一、二把手负责的编史委员会，下面设有编史办公室，全国参加编史工作的人员高峰达到约 2000 人。仅长航系统就有 40 个编写组，编史人员超过 400 人。人民交通出版社在编史过程中，通过开会和审稿以及平时工作的关系，与各单位的领导和编史人员建立广泛的联系。1986 年由我主持的在四川召开的一次全国水运行业和长航系统联合的编史工作会议，就有 6 个交通厅厅长或副厅长参加。出版社综合编辑室的各个编辑，都有其联系一个编史人员的群体。我个人与编史人员联系的面也较广，交了不少朋友。有一年春节，湖北有一位航运局副局长刘宇，是湖北省航运史的编史人员，那时他已经中风，说话已口齿不清，仍给我来电话问候，感人至深。我参加史书编辑出版工作已延续30年了，已86岁，过去的熟人不少已经去世，时光易逝，物是人非，但对过去的合作者、文友、朋友，在我心中仍留下深深的记忆。人脉，是一种资源，是一种友谊，在工作上是一种相互帮助的关系。例如，厦门大学、四川大学、大连和上海海事大学等大学的教授，有的担任顾问，有的直接参加编史，有的讲课，对编史提供有益的帮助。水规院院长王大勇、长江航务局的副书记马志义以及不少编史人员在工作上都给予我很大的支持和帮助。总之，自从开展全国性的交通史的编写出版工作以来，人民交通出版社与各方面的联系更多了，人脉更广了，领导更重视了，知名度更高了，牌子更亮了。这是出版社历史进程中出现的一种好事情，是一种新气象。

张：您认为做好交通史书的编辑出版工作，编辑人员应具备哪些素质？

魏：一个好的出版社，一定要有一批好的编辑。做好交通史书的编辑，与一般图书的编辑有其共性，也有其特性。古人说："文士易得，良史难求。"同样，做一个史书编辑也是不易的。根据我的体会，交通史书编辑应具备三方面的素质。

一是知识结构的要求。交通史书是一种历史学著作，是一种文史方面的书，属于文科的范围。另一方面它又是交通行业的专业史，具有经济史、技术史的性质。出版社的史书编辑从一开始就要参加史书篇目的审定、史书稿的讨论审查，以及最后编辑加工定稿。因此，作为编辑需要有历史方面的知识，对交通专业知识也要有一定的了解。古代的学科分工较粗，人以通才见长，而近代学科分工精细，人以专才取胜。尤其是在信息时代，学科间相互交叉，因而又在专的基础上出现综合化的趋势，使得对人才提出了更高的要求，即在专的基础上达到通才的知识结构的要求。精一书而通群书，精一行而晓多行。我们史书编辑可以是学文史的，也可以是学理工科的，但要扬其所长，补其不足，多读书，多吸收知识,达到一专多能,对编辑工作本身的知识和技能更是必须具备的。具备这样的知识结构,在加工和审核史书时,才能得心应手。

二是工作能力的要求。我这里讲的是思维能力、文字语言表述能力和与人交往的能力。做好史书的编辑工作,实际上也是一种史学研究工作,知识是基础,思维是手段,表述是目的。参加学术讨论会、史书审稿会以及最后的编辑加工定稿,我们要动脑筋,要思考问题,要发表意见,这就要求有思维能力和语言表达能力。最后是对史书文字加工,不仅是改几个标点符号,在体例上做些调整,而且要对文字进行必要的润色修改。“灵府生智慧,功夫在笔端”。编辑同志在文字上要有一些功底,就能帮助作者进一步提高史书的文字水平,提高史书的质量。此外,在交通史书编撰过程中,会议很多,学术交流活动频繁,与人的交往密切,编辑要有一种组织活动能力和善于与人打交道的能力,与史书作者、专家学者、领导同志交往要融洽,这对做好史书的编撰出版以及今后长期的合作是有帮助的。

三是工作态度的要求。六个字:勤奋、细致、敬业。勤奋,包括勤于编辑书稿,勤于读书,勤于写作,后者可以量力而行,因人而异。但年轻编辑,有时间能多动动笔,对提高工作能力是大有好处的。其次是认真细致,我做编辑工作多年,深刻体会到,编辑加工或审核书稿,一定要聚精会神,字斟句酌,兢兢业业,仔仔细细。要重视史稿数据的准确性。我曾经就发现一部史书有 30 多处数字上错误。遇到书稿中的疑难问题,要勤于查找资料,或请教他人。我做编辑工作时,经常跑资料室、图书馆,曾经为写《中华海魂》一书,为了查找资料,在北京首都图书馆待了将近一个月。当然,对一般体例、标点等问题,也不能马虎。关于敬业,前述两点均属于敬业范畴。此外,还要虚心、专一、踏实、创新、甘于寂寞、忠于职守等。

过去从事交通史书的编辑是优秀的,有的老编辑如卢其昌、徐澄清、石道全等已经离开人世,他们与我合作得很好,很融洽,我很怀念他们。我还要感谢出版社的老书记刘毅、老社长胡士翔、老副社长丘克辉,他们在交通史书编撰出版工作创业的初期,对这一工作的重视和支持。我希望新一代的编辑,能够青出于蓝而胜于蓝,在史书编辑工作岗位上做出更好的成绩,有的还可以参加一些史书的编写,或自己独立进行交通史学研究、写文章、写书,成为学者型的编辑,天道酬勤,经过勤奋努力和知识的积淀,就可能脱颖而出,卓然成家。

张:谢谢您接受我的专访。

我幸运,我自豪

——十年感怀

文　中

今年是我到交通出版社工作的第十个年头,恰逢迎来她六十周岁诞辰。我体会,我的工作轨迹和出版社发展历程交织的这10年,是我社改革发展最好最快的时期,是一个具有里程碑意义的历史阶段。我是做财务工作的,习惯于用数字说话。那么,请允许我用几个简单的财务数据来反映10年来的变迁。

10年前的2001年,我社当年营业总回款5100余万元,主营业务收入4752万元,实现利润总额474万元,年末总资产为9258万元,而其中货币资金存量不足2000万元。而10年后的2011年又是什么情况呢?当年营业总回款2.5亿元,比十年前增长了近5倍;实现主营业务收入2.25亿元,同比增长了4.7倍;实现利润总额近6000万元,同比增长了12.5倍;年末总资产为5.34亿元,同比增长了5.7倍,而货币资金存量也已跨上亿元水平。今昔相比,不可同日而语,财务指标数字已经不在同一个数量级上。本人有幸与全社广大职工共同亲历了这段不平凡的历史进程，见证并共享了改革发展的丰硕成果。抚今追昔，感触良多。我为自己感到幸运，为交通社而自豪！

我是幸运的，因为我赶上了共和国不断改革开放、经济持续繁荣发展的好时代，期间，又有缘登上交通社这列持续前行的高铁。火车跑得快，全凭车头带。带领我们全速前进的这个车头，就是我社政治坚定、理念先行、团结进取、风清气正的领导班子。他们带领全社干部职工一道把握机遇、迎接挑战，聚精会神、共谋发展，一路拼搏、奋力前行。

我是幸运的，因为登上这列高铁的名字叫“和谐号”。作为交通运输部直属的出版单位，经过数十年的不断积累、沉淀和培育，交通社有着自己独具特色的企业文化，她所散发出的魅力深深地吸引着几代交通出版人。我冒昧地概括出这样几个主题词：科学、民主、规范、进取和包容。说科学，是其在发展理念、产品内容、管理方式及手段上力求科学严谨；说民主，是其在议事方法、决策过程中充分发挥民主作用；说规范，是其在经营与管理活动中讲求按法规制度办事；说进取，是其无论在探索改革发展方向、还是适时转换经营机制方面始终锐意进取、努力创新；说到包容，是其以自己广阔的胸怀和平和的心态吸引、凝聚着不同地域、不同教育背景、不同工作与生活经历的出版人在这个职业舞台上找到贡献力量和发展自我的机会。

我是幸运的，因为在这个温暖的集体里我遇到了充分信任和理解下属的领导，遇到了那么多正直与敬业的同事们。正是在领导的悉心指点和同事们的无私帮助下，我作为一个年长的出版新人，逐步熟悉了那曾经陌生的“码洋”和“印张”，学到了必要的业务及管理知识，广泛结交了业内同仁。在这里，我找到了那种有着落的踏实感，那种无怨无悔愿在此安身立命的感觉。这，也许就是人们常说的归属感吧。因而这些年，我始终怀着一份拳拳感恩之情，努力静下心来全身心投入工作，充分发挥自己的专业特长，为我社的发展尽微薄之力。

如今，经过60年的历练，我社业已形成了自己的商誉品牌、专业出版资质、作者及经销渠道资源以及资金积累、经营管理理念和企业文化等综合实力优势。然而,前面的路还很长,未来会面临着更大的发展机遇和新的挑战,六十年社庆将是跨越另一个高度的新起点。

再次启程的汽笛已经鸣响,前行的车轮不会停歇。祝愿交通社再展辉煌!

(作者系人民交通出版社财务审计部主任)

追　款　记

张新文

1998年,是我在发行部做主任的头一年。当时发行网点、散户书商拖欠我社书款的现象很严重,特别是散户书商,虽然每户欠款数额不是很大,但户数多,地域广,同我社关系松散,欠款时间漫长,结果多是形成死账或不了了之。我决定深入研究一下散户欠账问题,解剖三两个“麻雀”。

那年8月上旬,我与发行部负责西北片的王济平做了一番准备,利用到西宁开会的机会,回来时绕道兰州,找一个叫胡××的女书商,追要一笔已欠三年多的书款是我们此行的目的。胡××早期经销交通版和建工版图书,后经营不善,我社不再向她供书,她便顺势不归还欠下的1万多书款。值得说明的是,现在看来1万多元似乎微不足道,但在当时,我社全年的回款额尚不足4000万,大量存在的个体书商拖欠书款问题,已经形成制约我社经营发展的突出矛盾,有必要研究、制订一些防范、挽回损失的措施,所以追讨一万元欠款,无论从经济角度还是管理角度都不是小题大做。

我们在火车站附近一家宾馆安顿好之后，济平即给胡××打电话，说明我们来甘肃新华书店办事，想和她见个面，吃顿饭。胡当然知道我们的真实来意，婉言谢绝，说到所欠书款之事，胡的答复仍然是老一套：现在已经不做书了，一时凑不够钱，你们先回去吧，等我凑齐了会给出版社汇过去。说完即挂了电话，再打则无人接听。我们几次碰壁之后，知道她在有意躲我们。第二天，我们收起手机，改用路边的公用电话和胡联系，胡果然没想到这一招，自己接了电话。抓住机会，济平软硬兼施，坚持要与她见一面，说不管怎么样，咱们合作了这么多年，买卖不成仁义在，我们几千里地来这，新主任也到了，你一点面子不给，是不是有些太不近人情了？胡推辞不过，只好约了明天到办公室见一面。

胡××的办公地点在黄河北岸一栋陈旧的公寓里，济平曾经去过，凭着记忆，东询西问的，终于在上午9:30前，如约赶到。本想肯定会有一场唇枪舌剑的交锋，也做了n套回应预案，但实际情况却出人意料。我们上了三楼，找到了房间号，轻敲了几下，无人应，又敲了几下，仍无声息，慢慢拧了一下门把手，房门竟是虚掩的，室内无一人。我和济平的第一感觉是，主人外出不锁门，一定不会走远，我们既然来了，又是约定的时间，进屋等吧。这是一套两室房间，内外屋各摆着几张简单的办公桌，外屋有一部电话，墙壁上挂着几个玻璃框，里面镶着工商局颁发的企业营业执照，税务登记证等证件。我们注意到，其中有一个是甘肃省运管局核发的××出租车公司经营许可证，几个证件的公司法人都是胡××。我们感到一丝欣慰：找到的地方没有错，而且她还干着交通，和咱也都算交通部领导的同行，说话办事大概不会太“离谱”。但随着等待时间的延长，我们也由乐观变得越来越疑惑、焦虑，最后终于气愤了。已近中午12点，办公室未来一人，打进的几个电话也都与我们不相干。事态很明显，胡××给我们唱了一出“空城计”，故意躲着咱们。济平主张先找地方吃饭，下午再来。我满腔怒火地说：“算了！胡××是有备而为，下午她也不会露面，就是来些别的人，一推六二五仍然解决不了问题，我们没时间陪她这么玩。干脆咱们拿走她公司的营业执照、税务登记证，留下一封信明确告诉她我们住的宾馆房间号,限她明晚之前带上欠款找我们联系,过时我们就回北京。”济平显得有点犹豫,在我写信的时候咕囔了一句“别是这位给咱们下的套吧”。这话一下提醒了我,冷静一考虑,觉得我这个办法倒是痛快,但有漏洞:我们追讨欠款是合理合法的,可私拿别人的营业执照是违法的,这在道义上输了理,何况胡××是当地人,经营各种生意多年,人脉和世面上的事比我们有优势,我留下了地址,胡到时找上门来,带来的不是欠款,而是几个西北大汉,更有甚者,她若说还丢了几万块钱,我们怎么应付?想到这,我赶快停止了运作,连说不能上当。此时我深刻体会到业务员追讨书款的难处。

下午回到宾馆,我躺在床上反复思索。找到胡××是解决问题的第一步,可头一脚我们就中了人家的“空城计”,我们用什么计能把胡××给钓出来呢?“声东击西”、“调虎离山”、“美人计”…都不好使,“走为上”又太窝囊,我开始琢磨“借刀杀人”。说大了,我哪有那胆儿,充其量也就是“借人找人”。

第二天上午,我和济平打车直奔省交通厅,找到了史志办的伊国清主任。伊主任是我在综合编辑室当主任时的老相识,原在省运管局工作多年,因资格老,又有文采,交通厅用人之长将他调到史志办作了主任。见面寒暄之后,我委婉地说了来意:到兰州出差,想到了一位老朋友,几年没联系了,找不到人,只知道现在她开了一家叫××的出租车公司,想通过你在运管局的老关系,帮忙找找。你看是不是好办?老伊是河南人,乡音很重,爽快地回答“中啊,小事一桩,木(没)啥难办”。完后马上要车,带上我们去了运管局。等车的时候,我已和济平商量好:找人的目的没给伊主任说实话,人家这么帮忙,可千万不能再拉上人家跟咱们一块趟“浑水”。找到了胡××,当着别人的面一句话不提钱,把胡××拉到饭桌上再说欠款的事。

伊主任果然在运管局里轻车熟路,进了办公楼除跟熟人打个招呼,带我们径直走进了二楼的一间大办公室,进门就说:“周队长,我领来了两位北京交通部的朋友,到你的势力范围找个人。”我知道老伊故意抬高了我们的身价,也是给自己壮门面,再解释就是不知趣了,只好装傻充愣地冒充“大尾巴狼”。周队长点烟让茶地客气了一番，说到正事，我们刚提起公司的名字，周便说“是胡经理啊”，抓起电话即拨出一组号码。我紧张地观察着，思考着下一步怎么应对。电话接通了，周队长不温不火地说道：胡经理吗…北京有个叫王济平的朋友来找你，找不见，我的老领导领到我办公室了，你快来吧。周放下电话，告诉我们胡一会就来，自己因要开会，不能奉陪，很抱歉。我求之不得周的离去，又以不知等到何时为由，客气地支走了伊主任，现在我们可以无所顾虑地准备迎战胡经理了。

也就是半小时的光景，胡××风风火火地赶来了，更令我们没想到的是胡竟然一分不差地带来了欠款。双方见面显然有些尴尬，但毕竟都是场面上的人，谁也没说出格的话，办好交接，最后以“有机会再合作”、“北京见”告别。

说实话，一直到今天，我也说不清楚帮了我们大忙的周队长在运管局哪个部门工作，只记得当时进出办公室的人着统一制服，戴大檐帽，但肯定不是警察。都说百姓怕官，穿官衣的也怕，看来是硬道理。当然，没有违法乱纪，没做亏心事的百姓，用不着怕。

“胜利”来得太容易，我有些被冲昏头脑，想乘胜出击，到宁夏再去试一番身手，幸亏发行部来了电话，告知来了新社长，各部门主任需回社汇报工作，我们便回了北京。到社以后，我还念念不忘再去宁夏的事，新社长却给了我新的任务，新任务不是“剖麻雀”，而是“抓硕鼠”，出版社在几个发行网点发现了大量的盗版书，有可能是社内社外人员勾结作案，非法获利，要我去做调查。这件事比起追讨书款，更离奇，更跌宕，更荒唐，更…这事下回再说吧。

（作者系人民交通出版社兴通书店原经理）

低头看稿，抬头看路

——记我在人民交通出版社的一年

周　凯

2012 年，是人民交通出版社 60 周岁的生日，在这一个甲子的岁月里，人民交通出版社从初创到成长，从曲折到重振，再到改革繁荣和如今的快速发展。这其中经历了几代交通人的不懈努力和追求，凝结着几代交通人的心血与期望。再回首，往事如烟忆斯人；看今朝，战鼓正劲促征程。

个人的发展离不开环境，良好的环境又会促进个人的发展。我自 2011 年入社以来，切身感受到了环境的作用。首先，在宏观上，现阶段我国图书出版物等传统出版持续发展，印刷复制增长势头强劲，出版物发行呈现多元化趋势。新闻出版业与现代科学技术加速融合，数字出版、数字印刷、数字发行等新业态发展迅猛，新闻出版业发展空间逐步拓展，产业规模迅速扩大，产业结构不断优化，产业链日趋完善，基本形成了完整产业体系。中观上，人民交通出版社是国内唯一一家主要服务交通行业的专业出版机构，同时也是交通支持保障系统的支持单位。主要图书市场占有率连续多年位居前列，规模和实力列国内科技社10强。一大批图书荣获国家、教育部、交通运输部的奖励，在全国经营性图书出版单位等级评估中被新闻出版总署评为一级单位，被授予"全国百佳图书出版单位"荣誉称号。多年来秉承"立足交通、服务交通、服务社会"的办社宗旨，以推动中国交通现代化和社会全面进步为己任，以纸质图书和电子音像产品为载体，介绍新知、推广技术、传播资讯、传承文化，服务于交通从业者和交通用户，为中国交通的跨越式发展做出了重要贡献。最后，在微观上，我现在所在的审读加工部的良好的氛围、和谐的人际关系、宽松的管理环境无一不为我们年轻人编辑加工业务方面的成长提供了良好的条件。在我工作的一年多来，周围的环境发生了变化，这对我来说更是一种考验和激励，使我认清了自身的不足，因此，在平时，不仅要低头看稿，更要抬头看路。

低头看稿，指的是我们现阶段所从事的工作，就是日常的稿件加工工作，我们不仅要加工好稿件，更要学会思考、学会总结、学会交流。编辑加工是编辑活动中的一项基础性工作，是对已决定采用的稿件进行加工、润饰以及规范化处理的活动。经过一年的工作，我从一个学工科的门外汉，到现在对编辑工作略窥门径，其中离不开诸位老师的悉心指导。在这一年中，我对编辑工作有所理解、有所感悟，现就将其与诸位分享。

作为一名科技社的编辑，在工作中遇到的问题从整体层面上来讲，往往是本专业与编辑学的两方面问题。一方面，我们应时刻关注相关专业的最新动态，了解本专业领域的研究进展及取得的新突破和新成果，以便能对相关的名词、术语、国家标准、行业标准有所把握。另一方面，我们应加强对语言与逻辑的应用能力。语言作为信息转播的载体，同编辑工作密切相关。因此，这就要求我们在平时应努力提高自己的语言修养，养成勤学、勤问的习惯。另外，我们还应对其他专业有所涉猎，努力拓宽自己的知识面。

就具体的稿件而言，往往涉及体例格式、文字、图表、单位、正斜体、参考文献等琐碎之事。这就要求我们有足够的耐心和责任心，以对稿件的差错等编辑范围内的工作认真负责。

同时，我也遇到了许多常见的误区。例如，将审稿与编辑加工同时进行。审稿，是指对稿件进行审读、评价，旨在决定稿件的取舍；编辑加工，是继审稿之后的环节，旨在对书稿进行润色提高，使其达到出版的要求。因此，二者的作用与要求不同，而且是出版过程中的两个独立环节。在实际工作中，我有时会遇到一些没有经过审稿的稿件而直接进行编辑加工。这有可能会造成我们只着重于语言、文字等细节，而忽视稿件中所存在的较重大的原则性问题。

无知妄改，背离原意。编辑加工是在尊重原稿的基础上，对文稿进行加工、润色。因此，在编辑加工工作中，不能仅凭个人好恶修改稿件，更不能把自己的观点强加于人。另外，对于一些稿件中不甚明了的地方，应该勤查、勤问，切不可擅自修改。

“只见树木，不见森林”。苏轼有言，“横看成岭侧成峰，远近高低各不同。不识庐山真面目，只缘身在此山中。”在工作中，我们应该注意把握文章的整体性，不可只限于一两处文字。即便每一处的细节做得再好，如果不能使文章形成一个有机的整体，那么所做的工作也只能是事倍功半。

抬头看路，指的是我们在做好本职工作的同时，应该规划好自己的发展，找到一条能够适合自己发展的道路。在平时，学会交流、敢于交流、善于交流，注重培养自己能力、沟通、合作、信心、创新这五要素，以既有的成就为基础，确立人生的方向，提供奋斗的策略，并把自身的发展同周围环请结合起来。正如苏轼所言，“博约而观取，厚积而薄发”。

作为一名人民交通出版社的新人，前路依然漫漫。我会在“助千万交通人成长，伴数亿出行者愉悦”的引领下，不断学习、不断进取，为了明天而不懈努力。

（作者系人民交通出版社审读加工部编辑）

认真，永远是我的不懈追求

刘高彤

不知不觉中，出版社成立都六十年了，我到出版社从事校对工作也已经十六年了。十六年的工作实践与不同途径的学习使我深刻地认识到：校对工作同编辑、设计、印制工作一样重要，是一项要认真做好也值得认真做好的工作。如果校对工作做不好，原稿质量再高，也不一定能成为高质量的出版物。

做校对工作并不容易，要做好就更难。我体会到，做好校对工作的首要条件是“认真”——认真工作、认真学习。没有认真，敬业和工作责任感都无从谈起，专业技能再好也无法发挥出应有的效能。

认真工作

“世界上怕就怕‘认真’二字。”认真的校对工作者能够自觉遵守各项规定，一丝不苟、精益求精地工作，而不是“应付差事”。认真工作的校对人员至少要做到以下五个方面。

具备并始终保持强烈的责任心

责任心是做好工作的基本保证。校对人员的工作责任心直接影响到出版物的质量。一个人的责任心，在不同时期可能会有所不同，工作状态也会随之起伏变化。校对人员必须提高对校对工作的认识，剖析自身心理上的弱点，加强自己的工作责任意识，牢固树立“质量第一”的观念，爱岗敬业，尽自己最大的努力一丝不苟地工作。

校对人员的责任心在日常工作中具体体现为“两个防止”：

要防止错误理解“对原稿负责”。校对当然首先要对原稿负责，将校样上与原稿不同之处一一订正。但是，这并不意味着对原稿的疏漏可以不管不问、听之任之。校对工作应该是编辑工作的延续，是对编辑工作的补充和完善。因此，校对人员的重要职能之一就是辅助编辑消灭原稿上可能存在的讹误或疏漏。随着出版技术的不断发展，大量校样是利用电子原稿转换而成，不需排版人员逐一输入文字，字符错漏明显减少，而由原稿遗留并带到校样上的错误则相对有所增加。所以，“校是非”目前已经成为校对的主要功能。倘若不改变以往那种机械地只对原稿负责的观念，仍然停留在“校异同”的层次上，不注意发现并改正由原稿带到校样上的错误，出版物的校对质量就难以保障。

要防止轻信。无论是做编辑工作还是做校对工作，都要以“嫉错如仇”的态度，对原稿和校样敢于怀疑、善于怀疑。因此，校对时对上一个校次的校对质量，对计算机校对软件的校对结果，都不宜轻信。实践证明：受多种因素影响，一个人进行一次校对，是很难把所有差错都消灭的；校对软件的查错能力有很大的局限性，尤其是对单个汉字的误用、不符合语法规则的语病、数据的前后矛盾、逻辑上的差错、事实性或知识性差错等，识别率还非常低，目前只能作为人工校对的一种辅助手段。因此，校对人员无论是进行哪个校次的工作，也不管校样是否由校对软件检查过，都应该像初校一样认真，逐字逐句地仔细校对，用一副“火眼金睛”尽量找出每个差错予以消灭。有些文字类错误的失校，并不是校对人员不知道该怎么写、怎么用，只是没有发现。所以在校对过程中自始至终都要仔细地、一字一点地看清楚，在保证校对质量的基础上提高校对速度。

保持政治警觉，做好出版工作

做校对工作，首先要保证出版物上不出现政治性的、原则性的错误。为此，校对人员要关心时事，了解党的基本路线、方针政策和国家对出版工作的各项规定，保持政治警觉，严格执行宣传工作纪律。

运用专业知识和专业技能做好校对工作

语言文字功夫是校对人员的“看家本领”。没有深厚的语言文字功底，很难做好校对工作。出版物差错的多发区在语言文字运用方面。因此，校对人员必须掌握包括标点符号用法在内的文字规范，不断扩大识字范围和词汇量，熟悉校样上文字类差错和常见病句的特点，提高语言文字的运用能力。

校对工作与排版、印刷、装订工作联系紧密。了解现行的排印装知识，不但能使工作协调进行，还会增加出版物的可读性。所以，校对人员要多了解一些排印装知识，最大限度地消除校样中出现的错误。

在出版物生产过程中，校对符号是编排校人员之间进行业务沟通的行业专用“语言”。如果校对符号使用不当，就会导致传递信息有误，以至影响生产进度和出版物质量。因此，校对人员要熟练掌握并规范使用校对符号。

校对人员进行校改时，字要写得工整、清楚、规范（中文要用“编辑体”，外文要用印刷体），便于辨识，还要尽量保持校样整洁，从而提高改版的正确率。

与各方人员团结协作

出版物是编辑、设计、排版、校对、印制等人员共同劳动的结晶，每道工序都影响着出版物的质量。校对人员应该与各方人员团结协作，共同做好出版工作。

科学安排工作节奏

生理学和心理学研究的成果告诉我们，一个人的精力和有意识注意的时间总是有限的。高强度连续工作的时间过长,注意力、敏感性都会降低。根据这种客观情况,为了保证能够及时发现和消除差错,校对人员要科学、妥善地调解工作节奏,做到"一张一弛"。即使是在任务繁重、时间紧张的情况下,也要注意不能长时间连续工作,必须在连续校对一段时间后休息几分钟再继续工作。这样才能保持旺盛的精力和高度的敏感性,对校样上的差错敏捷地作出反应,实际上的工作效率也会更高。

认真学习

校对人员科学知识水平的高低,直接关系到出版物的知识性质量。在知识更新速度很快的今天,校对人员如果没有一定的知识积累,就难以发现稿件中的知识性错误。因此,要做好校对工作,不仅要认真工作,还要认真学习。校对工作者的学习主要是工作式学习,就是以爱岗敬业的姿态来学习,使自己的知识与技能与校对工作的要求相适应。

勤能补拙。天道酬勤。校对人员只要不畏劳苦、认认真真、坚持不懈地学习并付诸实践,就有不断进步的空间。

讲究学习方法。学习是要讲究方法的,只有解决了"如何学"的问题才能学得科学、高效。比如,在知识和信息更新速度不断加快的今天,全球在网上交流的密度和广度大大加强,网络无疑是非常先进、便捷的学习平台。校对人员要提高学习的效率和质量。

制订学习计划,加强自学。任何的实践工作都离不开理论的指导。没有理论指导的实践工作往往不能取得真正的实效。我们要对照自己的工作,找出自己的问题所在,然后根据自己的具体情况,制订可行的学习计划,加强理论知识的学习,并在实践中加以应用,练就扎实的基本功。

与出版有关的国家标准(如《出版物上数字用法》《标点符号用法》《文后参考文献著录规则》等)常有修订更新。为了保证出版物的规范性,校对人员不但要尽量熟悉与工作有关的各项国家标准,还要密切关注标准的修订情况,及时再学习,不断提高自觉执行国家标准的能力。

校对人员要养成涉猎百家、博览群书的习惯，不断学习各种知识，尤其要有针对性地阅读一些与所校出版物相关的专业书籍，了解一定的专业知识，以防止出版物中出现常识性错误。

主动接受教育和培训。除了自学外，校对人员要尽可能参加行业内、社会上各种有关的业务活动和学术会议，积极接受校对技能培训，从而及时掌握校对新方法、新知识，不断提高专业工作技能。

在解决问题的过程中提高自己的工作能力。认真的态度体现在校对工作中就是较真的精神和习惯。校对人员对校样或原稿有疑问时，要立即做好标记，然后查阅有关资料或者虚心向有关专家、权威人士请教，并且一定要以“打破砂锅问到底”的精神把问题彻底弄明白，绝不能嫌麻烦或怕耽误时间而臆断或绕着走。这样做虽然费时费力，但长期坚持下来，聚沙成塔，会有很多收获。

做有心人，在工作中不断总结经验教训。任何人在工作中都难免会犯错误，但是不能重复犯同样的错误。一个有心人，会以科学的态度（正视错误—研究错误—改正错误）从自己的错误中吸取教训，并找出规律性的东西，争取今后对可能出现的类似错误、问题（包括隐性的、易被忽略的问题）做到心中有数，并在校对时形成条件反射，予以消灭。

经常交流经验体会。技能的提高需要深入的反思和深度的讨论。校对人员要经常同编辑人员接触，学习他们的丰富经验，以得到更多的信息，使自己的视野更加开阔；要加强与排印人员、其他校对人员的交流，探讨工作中遇到的实际问题。

总之，只有校对人员不断认真学习、认真工作，校对质量才有可靠的保证。我们要为确保图书的整体质量做出自己的贡献。

（作者系人民交通出版社印务部高级校对员）

做一名合格的交通出版人

林春江

2002年夏天,我从武汉大学毕业,带着刚踏入社会的稚嫩和一丝书卷气来到人民交通出版社,成为一名交通出版人。也正是在2002年,出版社迎来了建社50周年,举办了盛大的庆祝会,新闻出版总署署长柳斌杰(时任副署长)、交通部副部长翁孟勇等领导莅临大会作了重要讲话,这让刚入社的我充分感受到出版社50年来薪火相承的那份厚重感和作为一名交通出版人的责任与自豪感。

十年后的今天,我们即将迎来出版社60岁的生日。作为社庆筹备活动领导小组的成员,我有幸参与了大事记的整理工作。回顾出版社60年的沿革,过去的十年,是出版社发展历程中最辉煌的十年。特别是2005年以来,在社领导班子的领导下,通过实施两个五年规划,出版社的资产、经营规模、效益均实现了跨越式增长,员工福指大幅提高;出版社已大步跨入出版业第一方阵,成为科技类一级出版社、全国百佳图书出版单位,交通出版品牌牢牢树立。我是幸运的,因为我参与和见证了出版社的跨越式发展过程，个人也因此有所成长与收获。常言道“十年树人”，我时刻不忘提醒自己应常怀感恩之心，做一名合格的交通出版人，继承弘扬交通出版事业。

做一名合格的交通出版人，要有高度的文化自觉和责任意识，要勇于担纲建设具有鲜明行业特色和时代特征的交通运输行业文化建设的重任。出版社作为交通运输部直属的唯一一家出版企业，我们作为文化从业者，要积极贯彻落实十七届六中全会精神，积极响应部党组提出的“在新的起点上进一步推进交通运输行业文化建设”的号召，始终坚持把社会效益放在首位，充分发挥出版社的优势和独特作用，主动作为，创新工作方式、方法，主动策划、出方案，积极参与交通运输行业文化创新活动，推动行业文化建设。

做一名合格的交通出版人，要有开拓进取和敢于迎接时代挑战的精神，成为一名紧跟时代脉搏的弄潮儿。当前传统出版业正面临着向数字出版转型的关键时期，技术创新正对出版产业形态、业务模式产生不可逆转的变化，总署发布的2011年新闻出版产业报告显示，2011年数字出版实现营业收入1377.9亿元，较2010年增长31.0%，在新闻出版产业中的占比已接近10%。我们只有善于学习、勇于创新工作方法，才能跟时代步伐，在产业转型中有所作为。

做一名合格的交通出版人，既要抱有理想信念，更要有脚踏实地的作为，“高处着眼、低处入手”。我们要富有理想，坚定信仰，饱含工作激情，乐于付出，始终保持良好的工作状态，坚信“只要精神不滑坡，方法总比问题多”；我们还要求真务实，知实情，说实话，办实事，求实效，努力做好本职工作，做到“志不求易，事不避难”，正如温总理曾对青年人提出殷殷希望“脚踏实地，仰望星空”。

如今，出版社已站在全新的起点上。让我们每个人都做一名合格的交通出版人，面向未来，携手并进，为把人民交通出版社建设成为一家百年老店而不懈努力。

（作者系人民交通出版社市场管理部主任）

梦 之 舟

张雨佳

不论岁月如何流转，那记忆永远清晰如昨，因为她是最初带你寻梦的那一只小舟。

我至今依然能清晰地回忆起，2010 年 8 月的一天早晨，我第一次来到出版社上班的情景。那是极其普通的一天，天气和 8 月的任何一天一样炎热，太阳似乎不知疲倦，早早便爬起来灼烤着大地，我结束了自己漫长等待的假期，穿戴整齐来到出版社报道。第一次走在二楼的走廊，那走廊看起来稍嫌昏暗，和外面烈日炎炎的光景是如此不同，我怀着紧张、忐忑不安的心情走进了自己未来的办公室，一切看起来都如此不同，是的，她不同于以往我走进的任何一个房间，而这也将是不同于以往任何一种方式的生活。这是我走出校门的第一份工作，我如此紧张，心跳加速，和同事打招呼时稍有语迟，自己一切的表现似乎都不够出色，都和自己无数次计划演练好的大相径庭，对于这些我曾经懊丧过。但如今回忆起来，发现自己是如此珍视这段短暂却美好的记忆。

最初走出校门，踏入社会，难免会经历磕磕碰碰，但那是一种特别的记忆。

对于我来说，出版社是我最初的梦想的载体，就像是我懵懵懂懂走出高塔，带着兴奋和迷茫，跳上属于我的小舟，撑起小舟上的长篙，缓缓驶向雾气弥漫的未来。起初，我与这只小舟似乎不是很合得来，我不辨方向，重心不稳，撑船的动作生硬而鲁莽，她给予我的长篙将我双手磨出血泡，但我依然在原地打转。

还记得刚开始接手工作时，总是漏洞百出，虽然事先也进行了沟通和学习，但由于经验不足，准备不够充分，培训时常常手忙脚乱，顾此失彼，对老师和学员总有照顾不周的地方，有时会被埋怨或当面指责。加工稿件也由于对方法和技术知之甚少，加之不够细心，遇到困难就慌了手脚，没有处理好所有的问题，造成了不好的结果。第一次被批评的感觉就像书中所写的“想找个地洞钻进去”，在那之前，我似乎从未有过如此的感受。那时的委屈和不甘像极了站在小船上因为无法驾驭她而赌气地扔下长篙，对她跺脚以泄愤，但之后船身左右摇晃起来，像要把人抛下。我吓出一身冷汗，坐下来抓紧船舷，重新拿起长篙稳住小舟。

失败的经历惊心动魄，却让我和小船更加熟悉。那之后，我收起高高在上的狂妄姿态，让自己真真正正地去琢磨她，了解她，更努力、更精心地适应这条小船，从而学会驾驭她。

慢慢的，我开始了解了篙的长度，船身吃水的深度和摇摆的幅度，了解了她的宽容的限度和与她并肩前进的方法。我们一起经历了几场风雨，曾经无法融入的环境渐渐变得熟悉起来，她似乎渐渐成为我的一部分。就在此时，我发现她其实即像母亲，也像伙伴。作为母亲，她是伟大而温柔的，她给我一片广袤的天地让我去探索，去发现，她给予我目标和指引，却永远不会强迫我走某一条路。她像母亲一般包容着我，不着痕迹地刻画着我，引导着我。作为伙伴，她是亲切而严厉的，不论我选择了怎样的路，她始终毫无怨言地陪伴着我，在我误入歧途时给我严厉的一击，也在我快要被成功的喜悦冲昏头脑时给以小小的惩罚。正是这样的她，让我能够在经历了必要的磕磕碰碰之后，走上那条不同于任何人的属于我自己的路。

出版社就是属于我的那一只小舟。尽管她已经经历了风风雨雨整整60年，尽管她在每个人心中眼中有着不同的形态和意义，尽管她远比一只小舟来得强大。但对我来说，她就是那位母亲，那个伙伴，那只寻梦的小舟。她承载着我和我迷茫的探索，失败的苦涩，成功的喜悦和泪水在寻找那曾经年少轻狂的梦。就像她曾经载着她的每一个孩子，每一个伙伴一样。

如今我依然撑着长篙，在漫长的寻梦长河里探索滑行，但每当我停下来望向远方，浓雾早已散去，那地平线上的日出清晰可见。我缓缓撑着长篙，划着我的小船，她让我将许许多多酸甜苦辣的记忆铭刻于心，她属于我，我也希望有朝一日，当我无限接近那美丽的地平线，我能真正属于她。

（作者系人民交通出版社生产管理部行政助理）

舌尖上的出版社

张永娟

最近,中央电视台正在热播一部电视剧,叫《舌尖上的中国》,讲的是博大精深的中国食文化,由此联想到出版社的食文化,于是决定照虎画猫(不敢说照猫画虎),写一篇舌尖上的出版社,供大家品味。

自古以来,中国人以食为天,一直到上世纪的80年代,一个单位不管大小,没有食堂是不可思议的事。我就是1984年以炊事员的身份,从一家社会上的饭庄调入出版社食堂工作的。那次社领导似乎动了大手笔,一下子从外单位调进了四个伙头军,购置了全套的新厨具,另设一专职管理员,负责采买每天的食材、制定一周的菜谱、内部经营协调等工作。现在人们都喜欢将历史分成若干个时期,我觉的出版社建成60年,上世纪80年代就是食堂的最鼎盛时期。那时一日三餐准时开伙,每天临近中午,半个楼道都飘着菜香;为了照顾新分来的大学生,星期天炊事员都要轮流值班做饭;那时逢年过节或遇到什么特殊的日子,食堂还有吃会餐的惯例,这也是我们炊事员最忙活的日子,头三天就得动起来:炸丸子,红烧肉,炖鸡块等,都是很实惠的大众菜。到时每个员工象征性地交点钱(会餐饭票),就能打到一份丰盛的菜肴,当然很少有人拿上就吃,多是装在饭盒里带回家,加上些豆腐,青菜 ,粉条类东西一咕嘟,全家人吃得很解馋。说这些并不等于那时的食堂完好无缺、尽善尽美,首先炊事员的厨艺就不过关,4 名炊事员中除了我上过仨月的服务学校,有点白案基础外,其他人都是半路出家,也没有外出培训进修的机会,做出的饭菜质量可想而知。所以和炊事员吵架,嫌咸怨淡的事时有发生,也有骂饭菜不如猪食的,但吵归吵,骂归骂,饭还得要吃,因为大家别无选择的余地。当时整个和平里地区也没有几家饭馆,何况员工的工资都很低,动辄去饭馆吃饭,没人敢想。其次是食堂的经营成本过高,浪费现象严重,出版社每月补贴几千元钱是必须的。

进入 90 年代以后,咱们国家的经济有了很快的发展,政策也越搞越活了,市面上陆续上出现了很多个体经营的餐馆,仅和平里中街,一个塑顶大棚里就集中了几十家,南北风味的饭菜,全国各地的名吃一应俱全,应有尽有,价格也为工薪阶层所接受。于是大家对食堂的意见更大了,每天就餐的人数也日益减少。出版社领导审时度势,顺应民意,决定取消单位食堂,每个员工每月补贴几十元钱,自行解决吃饭问题,炊事员就地转岗,有的当了司机,有的进了办公室,一时全社上下都很满意。我说的这是 1992 年的事。

没了食堂,员工们中午吃饭有的进餐馆,有的自己带盒饭,路近的自己回家现做一顿。没 1 年的时间,大家又念起了食堂的好处,因为餐馆的饭既油腻又不经济,天天吃还真不适应;带饭吃热天易馊,冷天解决不了加热问题,为了保温,各种型号的饭煲饭盒,横七竖八地摆放在茶炉的四周,成了一道独特的风景线;回家做饭吃的人也觉得时间太紧,来回赶路影响下午工作。于是职代会上又高票通过了:恢复单位食堂,实行承包经营制,停发每月员工的伙食补贴,每天中午免费供应工作餐一份的代表提案。免费供餐的份数,先是以部室实际人数为准,由部门统一派人领取,回去分发。后发现部门内经常有人出差、外出、病事假等情况,多领回的盒饭或造成了浪费，或被其他人带回家，又改成每月初发餐票，餐票有日期，当日有效，过期作废，不做退款。有段时间，出版社职工迟到现象较严重，开会强调了几次劳动纪律，也是领导抓一下，好两天，以后又照旧，于是人事处竟出台了一个"高招"：改每月初发餐票，为每日早8点前到传达室签到后发当日餐票，迟到者需到人事处登记、说明原因后再发。这"招"实行了小半年，后被打卡机替代，实际效果怎么样不得而知，但我不敢恭维，用现在的话说，就是太不人性化了，每天领到一张小小的餐票，不知何故，总有一点"为两斗米折腰"的感觉。

在以后的几年里，围绕吃饭的矛盾，始终没有彻底解决，别看工作餐是免费的，"白吃鱼也嫌腥"大有人在，加上一锅饭百人尝，众口难调的问题，神仙也解决不了。再有发钱(伙食补贴)好，还是发工作餐好的意见，从来就没有统一过。终于在1999年前后，领导决定停发工作餐，也不再发伙食补贴，将单位食堂完全承包给个人，实行市场化经营，员工们吃着满意的掏现金购买，不满意的自己另想辙。这个办法有点砸破"大锅饭"，改革"平均分配"的意思，大家对此褒贬不一，吵吵了一阵子，也就被接受了。

2004年出版社搬迁到了新的地址，新址内有一个相当规模的餐厅，但已经租让给了私人老板经营多年，通过领导商洽，员工们中午去餐厅花上8—10元钱就可吃上一顿两菜一汤的便餐。可惜好景不长，不足1年的时间，餐厅就拒绝供餐了，原因是老板要追逐更大利润，不愿继续给我们量小利薄的工作餐提供服务。好在新社址周边餐馆林立，员工们可以三五成群的搭伴前往；懒的走动的打个电话，也有不同标准的盒饭、便当送到办公室；各部室陆续配置的电冰箱，微波炉，电磁炉等，更为员工自带饭菜的保鲜、加热提供了方便 。现代科技的发展，经济水平的提生，大大缓解了我们中午吃饭难的矛盾。2009年出版社领导又想办法为员工解决了工作餐的问题，更为难能可贵的是，这次政策没有搞一刀切，而是由员工自己选择：可以领工作餐券，也可以领现金(要依法上税)。正是这个简单的选择，却体现了管理的人性化、多元化，使看上去似乎无解的老大难问题，皆大欢喜地得以解决。

时代在发展，社会在演变，吃饭的矛盾也在与时俱进。如今的人们，吃饱了，吃好了，又在要求吃出营养，吃出健康，而地沟油、苏丹红、转基因等前所未闻的新名词，也在时时威胁着我们贪吃的胃口、考验着我们进入街巷里中小餐馆的胆量。如今能够忆起当年出版社食堂情景的老员工越来越少了，而更多的年青人，还是羡慕有内部餐厅的单位，每当听到他们议论：××单位的餐厅多气派，自助餐几十个品种随便吃，还有水果、酸奶、冰激凌…. 我都会想：看来，吃饭问题这个古老而又现实的问题，还将继续考量出版社领导的大智慧，而这些年轻人，应该多了解一些出版社的昨天，珍惜、把握好今天，靠勤奋努力，开创出版社更加美好的明天。

（作者系人民交通出版社退休职工）

一次攻坚战

杨捷 蔡健 刘青

在出版界来说，我社数字出版的起步还是较早的。这除了得益于我们从交通运输部得到了“交通运输科技信息资源共享平台”的图书部分，更重要的是我们还由此开始建立了自己的资源数据库，为今后进一步发展数字出版打下了良好的基础。有关这一点，我们参与者都有一个很深的体会，这次资源建设无疑是打了一次艰苦的“攻坚战”呀！

在去年完成交通运输部项目后，我们这些资源建设者共同回忆起两年间所亲历的过程，真是有恍如隔世之感。

近万种电子书、几万种标准规范元数据、数十种工具书、近百种课件、几十种视频……似乎可以统计的具体数据，却难以表述海量数据加工、检查的工作量。只有经过的人，才能知道这些数字背后的艰辛，和为之所付出的一切。

先让我们看看一位亲历者的记述吧！

库里一排排的书架里摆满了书籍,夏天温度高达40摄氏度,没有窗户,就如同进入铁闷罐中。我们进行分工,每人手里拿着筛选过的书单开始工作。一个小时不到大家都汗流浃背,身体弱点的都有点坚持不住。书架外边的玻璃门都十分牢固,有时我们使出全身的力量都难以扳动,甚至要手脚并用才行。度日如年等到中午,看着黑黑的手,我们只能去库房前面的楼里清洗和上厕所。女生厕所只有五楼才能进去。我们根据自己经验,买了矿泉水和手套。大屯那个地方吃饭需要走一段时间,饭馆也没有外馆斜街这边方便。等吃完饭上班时间也到了,于是在酷热中又回书库中努力工作。工作中戴手套不方便,大家都裸着手干,慢慢的手就在无意中受了伤。每个人有两瓶矿泉水,是非常冰的那种,却不敢轻易喝,实在热的不行时才吃一点用来降温。每天还要记录工作量,下班时相互交流一下。大家都不甘落后,找到书少的人会更加努力。

等到书也找的差不多,我们每人拿着笔记本将图书信息录入成一个书单。书库外有一个窗口,每天下午一两点钟时会有一束阳光直射进来,我们几个都挤在一块,感觉挺开心的。那时候王老师(王筱华)有时候去大屯,就总是笑着对我们说:“这儿真冷,身体受不了。你们也快点把这些弄完,晚上下班也早点走吧!”我们报以微微一笑,继续努力工作,也盼着能早点离开。我们甚至各自带点干粮,中午不休息,把中午时间利用好。这就是我们在大屯的生活,虽然辛苦,但是很欣慰和充满成就感。

另一位亲历者补述道:

冬天大屯库里比外面还冷,我们干一会,实在冷得不行时,到外面站一下,然后接着找。库里条件恶劣,光线暗,看不见,脏,吃冷盒饭。查找书号就更难了。本来就冷,柜门全推拉不动,常常为了一本书,趴在地上(最下一排)。实在坚持不下去了,多少次想放弃找了,但想到任务没有完成,还是提醒自己坚持一下。就是这一坚持,一共找到数千种书。

找到书,录入数据……远远不止这些,还有更多的资源整理和数据库建设工作呢。建设数据库不但是对身体的考验,更是对智力的要求。

不少人认为数字资源建设中大量工作可以完全委托给数据加工厂

去完成。其实不然,委托出去的数量越多,检查工作量也相应会越大。而且这种数据检查的工作量是难以想象的。

整理好找来的书,让两家数字加工厂录入元数据,做图书的扫描、识别,转换成 PDF 电子书,放到数据库里。每家厂都是好几十人的投入。这么多人干,没有一个要求就乱了。我们也没有什么经验,就和北京理工大学软件学院合作,制定出一套相关的数字出版物组织、分类标准。经过一段时间的摸索,结合数据加工厂的经验,形成了我们自己的电子图书、词典等资源的加工标准。抽查质量、督促进度,时时刻刻注意盯着,一不小心就不知出什么问题。收到加工完的数据,又要赶时间出产品,我们三个人只好加班加点进行检查。数量太大了,干不过来,在领导的协调下,数字出版中心的人就一块帮着做会战式的分工突击检查。大家一本本书查过来,总有两三千种吧。有时实在忙不过来,连星期六、星期日都不能休息。一般要两三次返工才能过关。数据资源加工、检查很繁琐、枯燥,还得细心。遇到问题时真的感到非常烦,"火气"都有些大。但大家还是"扛"过来了,没出大的问题。每天除了检查"海量"的数据,还有好多项目招标、厂家资质价格比较、厂家财务核算、写报告、制定标准、研究数字出版技术、试验技术工具的使用、研发技术、宣传、包装封面、资源管理发布,新项目申请、调研等工作也都不能耽误。我们没有加工组、质验组、技术组、定价组、展览组、资料组、核价组……所有这些组的工作都是由我们五六个人承担。

其他亲历者补述道:

建设一套资源管理系统,光靠有干劲还不够,还要有智慧,开动脑筋,多想点子。我们在开始的时候,录入的元数据和上传入库的 PDF 问题特别多。元数据录入格式五花八门,内容残缺不全,甚至是错的。PDF 文件没有封面、版权页,有的连扉页、正文都不全,更别说缺张图、少个字什么的。一些 PDF 文件打开后显示乱码,或者就干脆就打不开。怎么办?先按要求写一个统一的元数据录入标准,请加工厂派两个小姑娘,花了两个月的时间检查修改,我们再一条条检查。还是缺,从社里的 ERP 数据里找,找出版中心的人问。解决问题还要做技术攻关。到网上找资料、软件，向排版厂的人问，不断试着做。像小样文件转无乱字符PDF、CEB转PDF、PDF转图像等，不知要问了多少人，反复试用了多少种软件，才找到好的解决方案。看到PDF文件显示正常了，能打开了，真是很开心，辛苦总算没有白费。同方公司的TPI45资源管理系统，虽然是按我们的要求做过定制开发，可终归刚刚采用，使用中不合要求的地方很多。我们干脆就提出需求让自己的技术人员开发一些小工具，不断完善使用功能。渐渐的，EXCEL表格数据对比、通过EXCEL表格作数据批量导出、有选择性地批量修改数据库数据，这些必须的功能都有了，找资源再不像以前那么困难了。

数字化迅速发展，我们的要求也不断提高，任务也日益加重。然而不管如何发展，基础在资源。没有好的资源，策划再好，包装再美，也会是“金玉其外，败絮其中”。这一点数字出版中心的人都是懂得的。

你也许认为创造性的工作才应该属于你，因为它光鲜亮丽，吸引人的眼球，充分展现你的才华，最后能得到“高额”的回报。可正如现在的一些电影那样，除了看剧情、演员表演，还要看那些华丽场景、宏大场面、眩目特效……这些无不体现着布景师、灯光、造型师、化妆师、特技人员、后期处理、作曲、剪辑们的存在。他们同样是伟大的创造者。于是，美国除了有奥斯卡大奖，也有由著名腕表品牌汉米尔顿与《洛城机密》杂志共同举办的，包括最佳道具奖、最佳化妆特效奖等10个奖项的“好莱坞幕后英雄大奖”颁奖典礼。每次举办时，大腕明星们纷纷出席，向好莱坞幕后英雄们表示敬意。万丈高楼平地起，什么事不得由基础做起呢？就数字出版而言，再好的策划，如果没有支撑它的元素——电子书、图片、音视频、动画等文件，以及它们的碎片文件，你将如何组合那些多样化的产品呢？

正因为有了辛苦的付出，以及各级领导的关怀和支持，我们现在才拥有了一套能够初步满足我们数字出版生产需要的资源库。看到它，我们就不由自主地产生出一种自豪之感。我们更加理解了，出版就是一个“为人作嫁衣”的行业，埋头苦干、兢兢业业、扎扎实实、不求名利就是出版人的座右铭。为了出版社的成长、发展，我们应该下定决心，多做默默无闻地奉献，用我们辛勤的汗水在平地浇筑出高耸入云的出版大厦。

也正是出于这样的原因，我们感到，两年的资源“攻坚战”固然是十分艰辛的，但同时也是令我们骄傲的经历。正如电话发明人亚历山大·贝尔所说的那样：“最伟大的成功根本不是一蹴而就的，它建立在雄厚的功底和扎实的基础之上，伴随着一次次的小成功，最后终于迎来伟大的成功，厚积薄发才能产生更大的能量。”随着新项目的开发，我们相信，更大的“攻坚战”还在等着我们。而我们也已准备好，在各级领导带领下，迎接未来更大的挑战！

（杨捷系人民交通出版社印务部核查员，
蔡健系人民交通出版社数字出版中心资源主管，
刘青系北京九洲通图电子科技发展有限公司制作员）

重拳出击打盗版

赵东方

打击盗版工作是我社法律管理工作中重要的组成部分，而安驾图书的打盗维权工作是全社打击盗版工作的重中之重。虽然打击盗版工作由法律事务管理人员负责，由于打盗维权工作的综合性，离不开社内相关部门的配合，依靠各级行政执法部门的公正执法。值此社庆60周年之际，以此文记录笔者参与打盗维权工作全过程的亲身经历和体会。

一、匿名提供盗版线索

2009年9月，社反盗版热线接群众举报：山东省章丘某印刷装订厂正在对一批盗版安驾图书进行折页装订，涉及图书近万册，一旦折页装订完毕，盗版商会将图书立即运走。

接到举报，社法务人员立即对相关线索信息进行了细致的询问和记录。综合山东章丘地区存在大量从事盗版图书生产的窝点的客观现实，结合举报人提供的线索细节信息，法务人员初步判断该举报线索的可靠性比较强，开展打击的价值比较高。

二、社内相关部门沟通决策

根据打击盗版经验，一旦盗版商将盗版图书转运至下一个环节，那么获得盗版图书存放的线索将会非常困难。因此法务人员接到举报线索的第一时间立即向原汽车出版中心（现为道路运输出版中心）进行了通报。两部门立即会商确认，本线索具有打击的必要性，并初步拟定行动方案，决定在取得全国扫黄打非办公室督办的前提下，派原汽车出版中心副主任黄景宇和社法务人员赵东方立即于当天下午驱车赶往济南配合扫黄打非人员开展打击工作。社领导当即批准行动方案，黄景宇副主任和赵东方立即从社里出发，开车赶赴济南。

三、现场执法过程

下午4点驱车离开出版社赶赴山东，当天晚上11点抵达济南市区。在赶往济南的途中，社法务人员与全国扫黄打非办公室完成行动方案的沟通汇报，全国扫黄办公室决定由山东省文化执法局和济南市文化执法局于次日早晨7点突击对章丘窝点进行行政执法。

次日早晨7点，根据我社人员的指引，济南文化执法局执法人员共7人由济南出发驱车赶往章丘，对某联合装订厂进行突击查处。当场查获已折页并打包待转移的盗版安驾图书近5000册。我社人员兵分两路，黄景宇副主任负责配合执法人员对折页进行清点并出具鉴定意见，赵东方负责协助执法人员对涉案人员进行询问和固定证据。经询问，获知盗版图书来自于某胜利印刷厂，执法人员立即驱车赶往 印刷厂。经对该印刷厂反复检查，终于在其仓库中的纸屑堆伪装的垃圾堆里发现5000册盗版图书。执法人员立即开展对该印厂人员进行询问。通过询问获得新线索，为避免走漏消息，执法人员放弃午饭，马不停蹄对另外两家印刷厂进行突击检查。

在完成所有涉案印刷厂的检查并将查获的盗版图书封存入库，已经下午4点多，共查获盗版图书10000余册。从早晨7点开始到下午4点多结束，整个执法行动不间断持续9个小时，执法人员放弃午饭和休息，不辞辛劳，认真公正执法。

本次打盗行动的成功，不仅查获了大量盗版图书，震慑了盗版商的嚣张气焰。从打盗行动的启动、决策到实施各个环节紧密配合，环环相扣，获得线索到启动实施方案仅仅 5 个小时，充分体现社领导正确决策，社内各部门之间高效的配合协调，更淋漓尽致地展现了一个企业高效的管理和良好的企业文化。

（作者系人民交通出版社市场管理部法律事务主管）

三年,我的成长

任　杰

能来到人民交通出版社工作,我一直觉得自己很幸运。

这是我喜欢的工作,喜欢她的工作内容,喜欢她的工作环境,更喜欢这里融洽的同事关系。

还在学生年代,就经常听说工作之后如何压力大,同事之间相处如何难,甚至时不时还要被上司唤来“教训”等等,大多数都是负面的声音。即使在毕业前我已经和出版社签约,但心里总是揣着几丝忐忑,总有点儿害怕工作,这也许就是当时即将毕业的我出现的工作前焦虑症吧!

2009 年 6 月,我硕士研究生毕业,7 月 3 日开始了我工作生活的第一天,在地图出版中心担任地图策划编辑一职。这是我人生的第一份工作,刚刚毕业的我,来到工作单位后发现无处不新鲜,领导、同事、环境等都是新鲜的,以至于我忘记了之前的担忧。入职后,刚开始我的工作内容相对比较简单,就是熟悉出版行业,了解它的内容、特点以及生产流程等，逐步地转变自己的角色。渐渐地，我进入了工作状态，开始了正常的编辑工作。时间过得真快，一转眼，我已在人民交通出版社工作了三年，在这三年里，我从一个懵懂的学生成为一名可以在地图编辑部独当一面的策划编辑。当然，能收获此份欣喜，与领导的关心、同事的帮助密切相关。说到这里，我不得不感叹一下，我是如此幸运可以和董京礼老师共事。董老师是地图中心的业务骨干，印前、制图、印刷等理论和实践水平都非常娴熟。他对我们这些年轻编辑丝毫不保守，我们的问题他都会耐心仔细地讲解。在董老师的带领下，我们少走了很多弯路。我从来到出版社就是和董老师一个办公室，从他身上我学到了很多专业知识和对生活的感悟。三年间，我的地图编辑业务水平进步很快，自认为比较突出的是在前人的工作经验基础上创立了“链接式”数据管理模式，实现不同图集间的共享数据只需修改一次便能全部自动更新，提高地图制图和生产效率；还有我也成熟了许多，明白了很多，懂得了许多，最让我深有体会的是无论做什么事都需要有一定的自信，更要有一种激情，没有这些就没有动力支持我前进。

除了专职的编辑工作，我在2010年11月还加入了社团委，兼职担任文体委员。加入社团委的一年多来，我觉得对自身的锻炼真的很大，因为兼职的原因，要在不耽误本职工作的情况下，把团委工作做好，这就要求付出更多的劳动和时间。最让我难忘的是2011年的社新年联欢会，我是联欢会节目的策划和主持人之一，时间短、任务重，团委和工会协作，在很短的时间内新年联欢会成功举办，这是我有生以来第一次策划和主持节目，对我的历练很大，是我人生中非常重要、非常有意义的时刻。有了这次活动宝贵的经验，之后还成功地策划和主持了中秋迎新晚会和元旦晚会等活动，都得到了领导和同事们的认可。目前，社团委正积极准备社庆六十年活动，我一定积极配合大家的工作，完成好安排给我的各项任务，保证社庆活动的顺利进行。

回想这三年工作的点点滴滴，都是美好的回忆，虽然有苦也有累，但更多的是甜，甜的不仅仅是在工作中给自己带来的进步和乐趣，还有那让人一辈子怀念的单身宿舍生活。我入职后选择了出版社提供的单身宿舍，它是闹市当中的幽静之地，是繁华都市中的简陋之地。这里，住着这样一群年轻人，他们风华正茂、朝气蓬勃；这里，有青春飞扬，激情四射；这里，虽有年少轻狂，桀骜不驯，但更有雄心壮志、远大抱负。这里，就是我狭小、简陋，但是却有着无数温馨和幸福回忆的单身宿舍。单身宿舍对于我这个刚入职的漂在北京的还没什么积蓄的学生来讲真是一件美妙的事。在单身宿舍住的同事，都是刚来出版社一两年的，大家多多少少都带着几分学生时代的模样，在一起很有共同语言。白天我们在各自的工作岗位上工作，晚上回到“家”，茶余饭后，我们时不时地聊聊天，打打扑克，玩玩游戏，生活甚是丰富。几个宿舍的同事都相处得十分融洽，在“家”里，我们经常一起做饭吃，虽然好吃难料，但是都十分开心地享受着“美食”。2010 年南非世界杯期间，大家下班后回家聚在一起看球赛，嗑点儿瓜子，有时候还喝点儿小酒，为自己喜欢的球队呐喊助威，好不快活。工作之余能有这样的生活，除了惬意之外还能用什么来形容呢？宿舍的日子是值得怀念的，现在我已经搬出单身宿舍了，但是那段日子我永远都不会忘却。

……

出版社见证了我三年的成长。古人有言：“不积跬步，无以成千里；不积小流，无以成江海。”我坚信，这三年的成长正是那涓涓不息的“小流”，在我孜孜不倦的努力下，最终将汇成属于我的“江海”！

（作者系人民交通出版社地图出版中心编辑）

细节体现真情

李 航

交通宾馆自2003年移交出版社管理后，在人民交通出版社的正确领导下，紧跟社的管理和文化理念，继续发扬宾至如归的优良传统，通过社的帮助引进了先进的管理经验，调整了原有的经营格局，大胆开展了长包房业务，以细致入微的服务赢得了大客户的赞誉。

客房部1号楼中石油长包房楼层的服务员，平时的工作是负责中石油客人的房间打扫及生活助理，要求服务人员的态度要细致耐心，她们工作中各方面均能始终以高标准要求自己，让客人有家一般的感觉。她们总是对客人报以微笑，即使是在家中出现病人、心情不好的时候，她们只要一站到自己的工作岗位上，就会始终保持微笑。一次一位中石油的客人刚从国外项目上回来，由于生病身体不适，员工们主动、热情的为其提供了体温表、感冒药。中石油的职工热情豪爽，一些职工从异国他乡回到祖国，见到自己的同事和亲人，难免会多饮几杯，此时，我们的服务员，总会为他们热情地打开收拾干净的客房，为他们清洁呕吐物。他们的家属来探亲，也会为他们提供加床服务，并送上一份社里出的出行地图。她们的这种热情服务使客人深受感动。正是通过她们的这种日常优质服务使客房部在中石油集团公司中赢得了客人的表扬。客人也对宾馆的服务给予了充分的肯定，长包合同到期时，他们主动向上级提出要求与出版社继续合作，希望与宾馆续签合同。

每一个恪尽职守的员工都是我们宾馆这台高速运转的机器中不可或缺的重要部件。因为会有粗心的客人，所以才需要细心的我们。记得有一次早班的时候，前厅部的员工在清理前台时，发现了一位刚办完退房手续已经离店客人遗失的钱包，前台员工当即拾起打开一看，心中一阵惊讶，原来钱包内装有近5000元现金和多张银行卡及一张机票。仔细回想了一下，一定是刚才来打印发票的先生落下的。员工的第一反应就是将钱包送还到客人手中。她们想，此时客人一定十分焦急，于是接待员马上通过预订信息联系到了那位先生。当时，那位先生还没有发觉自己的钱包遗落在宾馆前台了。当他赶回下榻的交通宾馆认领回自己的钱包时，激动得不知如何感谢才好。他说："幸好咱们都是交通系统的单位，我这是办公费用，一旦丢失，真不知是怎样的情形。你们宾馆不仅服务设施好，员工的素质更是一流。"然而，当班的员工却平静地说：拾金不昧是社会公德，更是宾馆服务人员最起码的职业道德。一句话，朴实无华，令人起敬。

一样的宾馆，不一样的享受。这是北京交通宾馆的经营思路，旨在让广大消费者在这里切身感受到"家一样温馨"的服务，体现出了现代行业人文思想的光华，同时也是宾馆业可持续发展的内涵要求。在为广大宾客提供服务中，通过自己的一言一行直接把宾馆的服务理念传达给消费者。他们"见利不忘义"的举动，一次次拾金不昧的事迹，从另一个别样的、令人感动的视角，让前来宾馆的消费者从他们身上看到了这家宾馆的诚信指数，看到了这家宾馆员工的精神境界。

我作为直接与客户打交道的营销部门负责人，深深感到，现代宾馆业的扩张和持续进步必须要有一流的员工所支撑，必须以一个个细节来展现一家企业的风貌。为此，宾馆务必大力开展"细节决定成败"的主题教育，并通过严格的制度加以确立，并将它融入企业文化的建设中去。

（作者系人民交通出版社交通宾馆客房销售部经理）

我与宾馆共成长

武 君

转眼间,北京交通宾馆隶属于人民交通出版社已经近10年了。作为宾馆仍在岗不多的老职工,对宾馆的变革应该说是最清楚的了。宾馆始建于1976年,三十多年来宾馆人一步一个脚印走到今天,在各级领导的关怀下,强化科学管理,不断改革进取,紧跟时代潮流,而今已成为三星级宾馆。交通宾馆曾多次接待过全国交通工作会议,宾馆人热情好客,服务周到,宾客至上的服务理念,为参加会议的领导和与会人员留下深刻的印象,使宾馆人对自己的企业充满了自豪感,激励了宾馆人不断开拓和进取。

我是1978年入职宾馆的,从一个不到20岁的高中毕业生到现在成为宾馆副总经理,所有的一切都感动着我。我爱这里的一砖一瓦,更爱那些一起工作过的同事们。因为那昔日的情景一直都在深深地打动着我、感染着我甚至激励着我。大家为了接待好一个部级会议没夜没日的奋战,有的孩子小老人病都顾不上,几天的会议就几天吃住宾馆,直到会议结束。一切奋战的场景犹如昨日,历历在目。作为一名元老级的员工,在这里工作了34个年头,经历了以上的一切,从一个什么都不懂的小姑娘到现在成为一名企业管理者,我深知每一步的成长都饱含着领导无私的关怀和同志们的热情帮助。这么多年的不平凡经历,使我学到了很多东西,让我不断成长、进步。我已经完全融入宾馆这个大家庭中。当然,我也更深的感受到只有企业的发展,才会有我个人的平台,只有以企业发展为前提,个人才能得到很好的进步和成长。

现在我已到了知天命的年纪,工作的年头虽然不多了,但宾馆还会继续的走下去,日后我虽不与她朝夕相处,但真切的希望她发展壮大。为此,我愿把自己的感悟和体会写出来。品牌经营,服务取胜。图书需要品牌,宾馆更需要品牌。宾馆移交人民交通出版社管理后,历届社领导班子对我们强调最多的就是品牌。交通宾馆最重要的产品是服务,宾馆要生存要发展,必须要塑造和培育有特色的服务品牌。我们今天的亲情化服务品牌,是由前期的“检查”、“服务规范”逐步演变而来的。宾馆的亲情服务把“家人”和“亲情”的概念作为它的内涵,立足于宾馆,体现了员工与客人血脉亲情关系,这也集中体现了宾馆的宗旨以及“服务周到,体贴入微”的经营服务理念。以情动人,用心做事。品牌对我们如此重要,那么,如何精心打造品牌、培育品牌?努力实现优质服务的三个境界:“标准化服务让客人满意;个性化服务让客人惊喜;超常化服务让客人感动”。例如:前台发现今天有入住的客人过生日,马上会将信息在反馈到客房部,并为客人提供贺卡祝福。在经过了亲情化服务的深入探讨后,我们不仅能够在本部门内部为客人提供优质服务,还可以将信息传递到宾馆的每一个角落,让客人到任何地方都能收到温馨的祝福和意外的惊喜,客人自然会感动不已。一个发自内心的微笑,一句温柔的尊称,一个恰如其分的鞠躬,一杯香甜的茶饮,交通宾馆通过专业浓情的服务方式,以情动人,以无限的温情引起消费者心灵的共鸣,进而增加了品牌的美誉度。科学管理,持续改进。优质企业要依靠提供优质的服务,而优质的服务是优秀的员工创造的,优秀的员工是培养出来的,员工核心价值观的形成,既是教育的产物,更是氛围的感染,是对所处环境的认同。为此,宾馆这些年来,先后编写了《企业员工手册》、《服务规范手册》和《岗位标准》等多种手册,构建了有自己特色的文化管理体系。

随着市场的经验和转变,宾馆人努力更新观念,按照建立现代企业制度的要求,勇于改革不断创新,逐步树立了全新的企业形象和经营理念。成为一家符合市场需求的现代宾馆,是我们不懈追求的目标。让更多人与企业一同成长一同进步。

(作者系人民交通出版社交通宾馆党总支书记)

节约是金

——工作中的一点体会

孟建君

时遇出版社成立60周年，自己也在办公室主任这个岗位上工作了将近8个年头。这8年中，我经历了2004年的宾馆改革，2010年的转制工作，其间体会颇多。但是给我印象最深的还是在日常工作中如何做好节约工作。

交通宾馆是一个有30多年历史的老单位，诞生于计划经济的背景。过去一切都靠部里，自己不操心，办任何事情都有点大手大脚，浪费现象比较普遍。出版社进入市场较早，社里的精细化管理，使我们很受启发。宾馆划转出版社管理后，我们的成本意识大大增强了。尤其是近两年，按照社里的统一布置，宾馆年年都开展节约活动，进一步抓好节能降耗工作，在节约水电、降低低值易耗品开支、压缩维修经费三个方面下工夫，做到定人、定责、定指标，严格控制不必要的开支，教育职工牢固树立增收节支的意识。如在节电方面，我们主要采取以下几项具体措施：一是制定了办公室用电规定，所有办公室严禁使用大功率电器，阳面办公室不开灯，阴面办公室减少开灯的数量。二是调整了大院路灯开关时间，现在均采用了根据天亮天黑时间自动控制照明系统。三是结合2010年一号楼消防喷淋改造，本着既能保证照明又节电的原则，减少了楼道的照明灯数量。四是节假日期间，电梯坚持开一停一。同时，建立和完善了维修制度，控制维修开支。还定期进行市场调查分析，参照政府采购的方法，建立了定点集中比价采购制度，有效控制日常开支。我们还在充分论证的基础上，按程序报废了直燃机，不仅可节约几十万元的维护耗能成本，直燃机腾出的空间还对外招租成功，每年增加了收益。据统计，从2010年开始，每年抓节约一项就可节省15万多的开支。

可以说，职工慢慢都理解了节约的重要性，现在节约在宾馆已经形成了一种风气。我也体会到，只要认真地抓一项工作，就一定能做好。

（作者系人民交通出版社交通宾馆副总经理）

写在我社成立六十周年

席宇朋

人民交通出版社书写了六十年的历史。六十年的时光浓缩成一部充满奋斗章节的精美的精装书。经过几代人的努力将这部书写得有声有色。

书中必不可少的章节，就是在我社领导下，人民交通出版社印刷厂发展的历程。我亲历了这一章节的大部分，经历了唱衰与成长，退场与崛起，颠覆与重建的成长过程，见证了几代社厂人适应时代发展，顺势而为的奋斗。

在这一章节里充满着市场、转制、改革、生存、压力、探索、发展、整合、转型等时代的字眼。

在这一章节中，记录着我厂从一幢楼房，几排平房的印刷厂发展成为年收入二千多万元的公司；记录着以照排取代铅排，以胶印取代铅印，数码印刷与传统印刷并存的技术进步；记录着从单一书刊印刷转为以印刷为主，房屋出租，库房管理为辅的产品结构的调整。

在这一章节里，撰写着几代人将他们生命中最宝贵的部分，最好的时光，连同他们的职业生涯紧紧的同社厂发展融在一起的动人篇章。有汗水，有心血，有拼搏，有痛苦，有徘徊，有压力，有兴奋、有满足，有快乐……花季年龄变成沧桑年龄，但无怨无悔，留下的只是眷恋。

时代在发展、在变化。世界在变，国家在变，社厂在变，一切都在变。但是，社厂员工共同奋斗的信念没变，社党委对我公司的支持没变，我们对未来美好的憧憬没变。

这本书，我们还要继续写下去。

我们社厂人就是这部书的作者。

现在我们要通过这部书尽情书写自己的人生价值。

将来，我们要续写社厂更加灿烂的辉煌。

（作者系人民交通出版社交通印务公司总经理）

水调歌头

——人民交通出版社60年社庆暨入社15年有感

吴有铭

建国七君子，百佳美名留
打造精品力作，群英共筹谋
伴千万人成长，使数亿友愉悦，携百舸争流
甲子结硕果，百年历春秋

十五载，结良师，交益友
伏案笔耕，为人作嫁不回首
传承交通文化，普及科技新知，文章倚妙手
繁荣诗今朝，发展壮志酬

（作者系人民交通出版社标规部主任）

西　江　月

【贺交通出版社60周年】

韩亚楠

文苑多秋履步，交通甲子迎新。
书馨助力撒芬芬，文化兴交提振。
耕耘佳篇指路，编修教材育人。
求知道上获弥珍，引领前沿发奋。

（作者系人民交通出版社综合出版中心副主任）

交通出版人礼赞

——献给人民交通出版社成立60周年华诞

缪之湘

是谁
开拓了这片土地
以"一列式拖驳运输法"为标志
扬起了交通社起航的风帆
在共和国百废待兴的岁月
我们的前辈们
勇敢扛起科技服务于交通的大旗

是你们
头顶日出脚踏落日
开垦着最初的贫瘠

简陋的棚帐　撑起飘摇岁月
风霜雪雨　何能撼动耕耘的希冀
用知识与智慧编辑着理想
把青春和汗水播种在希望的园地

寻着交通出版人前行的足迹
我们看到了
奋斗的艰辛与挫折的困惑
我们更感受了
收获的喜悦与成功的慰藉

斗转星移周而复始
交通社在一天天长大、成熟
老一辈种下的千万颗盼企
已结出累累硕果
交通出版园地迎来勃勃生机
我赞美你　勇于探索的开拓者
你们用辛勤的汗水收获了奇迹

如今
我们扎根这片园地
秉承优良传统
续写老一辈出版人无悔的业绩
发扬勤恳务实的作风
弘扬忘我奉献的精神
释放企业腾飞不竭的动力

凝心聚力

让强社之梦在业界频频闪光

争先创优

让激情之火再创出版佳绩

人才辈出 美名四扬

我赞美你　自豪的出版人

你坚定的信念是我由衷的赞许

今夕何夕

六十个春秋不蹉跎

我们攻坚克难披荆斩棘

用改革激发永恒的活力

敢为人先

让勇气与智慧在开拓进取中凝聚

桂冠加冕　璀璨夺目

全国百佳出版社

国家一级出版单位

让交通社的名字叫得更响

把交通社的色彩扮得更靓

我们意气风发坚定励精图治的脚步

我们豪情万丈展示奋进图腾的转变

我们一往无前奔向灿烂辉煌的胜利

风雨兼程六十载

伴千万交通人成长

笔耕不辍六十年

伴数亿出行者愉悦

今朝相聚

今夜无眠

我们把酒同庆

我们喜醉言欢

唱不尽的欢歌笑语

跳不完的浪漫舞曲

化作我们心中

那无比神圣的华诞贺礼

（作者系人民交通出版社财务审计部副主任）

懂　　你

——献给人民交通出版社60岁生日礼物

潘艳霞

学生时代，
便与你结缘，
手捧着一本本教材，
如获至宝，
我呼吸着那书本里散发的芳香，
恨不能瞬间读懂你。

那时的你，
是那么的亲切而又陌生。
亲切，是因为字里行间透露着你严谨的文风，
让我有种似曾相识的感觉，

你是一位智者，指引着我前进的方向；
陌生，是因为你满腹经纶的智慧，
让我感觉你是那么的高深莫测，
你是一个博学的楷模，让我有种向往的冲动。

你像一位慈祥的父亲，
时刻以专业的态度鞭策着我；
你更像是一位和蔼的母亲，
以博大的胸怀吸引着无数像我一样渴望知识的灵魂。
那时的我，
多么希望能成为你的孩子。
几年后的今天，
我终于如愿以偿，
做了一名出版工作者，成为你的孩子，
我满心欢喜，以你为豪。

为了懂你，
多少个笔头被我画破；
为了懂你，
多少个夜晚不自觉地把工作延伸到八小时之外；
为了懂你，
多少个老前辈手把手的教导让我记忆犹新。

我越是想懂你，
越是发现，你是那么的遥不可及，
我只有倍加努力，
希望将来有一天你为我骄傲。

而今，

你即将迎来60岁生日，

60载筚路蓝缕，孜孜以求，

开创了有交通特色的出版事业；

60载风雨兼程，春华秋实，

谱写了一幅美丽的交通画卷。

白驹过隙，时光荏苒，

我坚信，

在无数交通出版人不懈的努力下，

你的明天将更加美好！

（作者系人民交通出版社审读加工部编辑）

满 庭 芳

——庆祝人民交通出版社六十华诞

米增福

风风雨雨，不畏艰阻，历经六旬沧桑。有过辉煌，也有过悲伤。曾创造过奇迹，为社会，贡献至上。审度时，冲破桎梏，迎来了曙光。

新征程路上，大海浩渺，迎风破浪。今出版队伍，兵精将强。吸取历史教诲，高起点，科技导向。齐努力，共同谱写，吾社新篇章。

（作者系人民交通出版社原副社长）

轸念石道全

（四首）

米增福

【按】石道全系本社第一位编辑，一生奉献于交通出版事业。时年，他亲办理营业执照，名为北京人民交通出版社（后改为现名）。他突然去世，家属未讣告，敝人不晓，未能相送，甚为内疚。为此，填词，以示轸念。

卜 算 子

悼念元老编

一代元老编，人生不平坦。雕章琢句呕心血，名利贫如雪。
体质一直棒，大病突天降。悄悄离去未讣告，故人愧不晓。

忆秦娥

怀念石老编

愧不晓，
祈祷石老路走好。
路走好，
人生不凡，
故人念悼。

英汉日汉大词典，
历史功勋属石老。
属石老，
书上无痕，
无文宣导。

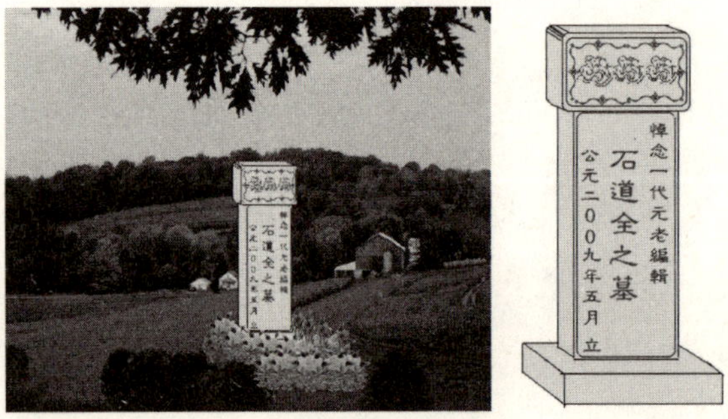

梦幻中石老安息之地

松柏长青

忆秦娥

思往事

忆道全，
千度近视伏案边。
伏案边，
一丝不苟，

句句究研。

弟子一茬又一茬，
徒弟升迁离师边。
离师边，
不愧人生，
故人思念。

长 相 思

遗 憾

石道全，元老编，一生奉献我怀念。祝君路平安。
离行前，未相见，今生今世太遗憾。来世再道歉。

清明祭花

（作者系人民交通出版社原副社长）

武 陵 春

乔文平

昔日赴安徽筹稿，此行成一书稿，揽一奇山，结一生友情。回想多年职场，往事都已如烟，唯此影响至今。遂提笔，以贺建社60年。

昔日筹稿赴徽州，
弹指又十年。
云海雾凇莲花山，
一路筑情缘。

谁说闹世无知己，
更恨相知晚。
平生得意是当前，
与君三杯两盏。

（作者系人民交通出版社原综合出版中心副编审）

见证图书发行三步曲

王福善

在喜庆党的十八大召开之时，人民交通出版社迎来了她60周岁生日，可喜可贺。我们陪伴着她走过了二十五年的风风雨雨，也见证了从小交通书店到图书发行公司与交通社成长、壮大和改革的发展历程。

记得1987年的秋天，我们学校为发展校办产业，委托我来到了位于北京和平里东街10号的人民交通出版社，在发行部见到了宣传科姜科长，说明了想成立交通书店的来意。姜科长热情介绍情况：当时交通社在1985年前，受计划经济影响，发行工作一直主要是委托新华书店代销与部分学校直销相结合的体制，由于我们的图书教材属专业书较偏科，在新华书店的眼里一直排在后面，有点样书也是夹杂在社科书的缝隙里，发行码样极不理想，也制约了交通社的发展速度，于是交通社艰难地迈出了自办发行、建立交通网点的第一步。当时姜科长和发行部段主任十分热情接待了我们，正想在山东建点，不谋而合，于是我们就成了山东第一个交通网点。被出版行业称为发行工作专家的刁主任亲自到我们书店莅临指导，从样书上架到门面布置，教我们如何与学校教材科打交道，如何开展业务并帮助联系他熟悉的客户，甚至跟我们跑业务，对我们帮助很大。当然书店发展到今天，能够被人民交通出版社评为“金牌经销商”，并取得一点点成绩，离不开出版社领导和历届业务员对我们的帮助和指导，在此表示衷心的感谢。

最初几年由于全国交通书店很少，安徽是第一家，再就是杭州、南京、西安、杭州和山东是依托学校建立比较早的几个书店，当时书店销售模式单纯，利润较大，比较好干。西安交通书店李经理经常回顾说：“那时发汽车图书几天就装满一三轮车，汽车书好卖得很”。书店为此也得到了较大的发展空间，最难得是我们与出版社那种纯亲情关系，你来我往像串亲戚那样，每逢到北京，只要社长有时间总是出面接待，确实有当上帝和到家的感觉。那时的社店关系正如发行部多年墙上挂着的一条幅：“社店一家”，很长时间，当时的发行体制大家都认同如上下级般的关系，当时物流没现在这么发达，发书时间很慢，所以我们经常开车到北京自提书，白天货车不让进市里，到晚上从主任到业务经理一起到大屯仓库帮忙装书，连仓库的工作人员也经常为我们加班，使我们很受感动。那段时间在出版社的扶持下，全国大小交通书店如雨后春笋蓬勃发展，记的当时大家见面时，总有人说那句玩笑话：“原先我们的客户，现在怎么都变成书店了”。

在1998年发行部在全国10多家书店还曾尝试搞过一段图书发行“总代理制”，统一命名，统一门匾和标志，这对出版社增加图书发行量以及进入出版业百强行列，交通书店在规模扩大和成长上都起到了一定的作用。后来因为认识不统一，经营不规范，“总代理制”也就不了了之了。

在出版社和众多交通网点长期合作中，随着市场经济改革和深入，市场竞争越来越残酷，就显示出了良莠不齐的弊端，出现了个别书店规模较小，抵抗市场冲击能力差，恶意欠款不还，违规经营等现象，走“纯亲情”路线显然已制约了双方的发展。于是在2001年贵阳发行工作会议上，出版社张社长明确提出了出版社与经销商的关系不存在上下级关系，是合同关系，要“亲兄弟明算账”，双方的经销模式应该用合同的方式来规范和制约。观点一提出，这让长期庇护在出版社翅膀下的网点经理们明显不适，意见不小，争论很大，最后出版社领导在合同管理的基础上又加了一条"兄弟情"，这才了事。

事实证明，经过十几年的发展历程，这关键的第二步，是非常具有战略意义的，用合同制约双方的关系是市场经济体制下的必由之路，也是稳步健康的发展之路。虽然有部分交通网点因各种原因倒闭了，但许多有实力的图书发行公司代替了它们，包括引进有实力的建工网点来经销交通版的图书教材。积极参与市场竞争，规范经营、能者生存，这即是法则，也是图书市场出版和发行工作的唯一选择。交通出版社图书发行量过亿，60 年以来在全国出版行业占有非常重要的一席之地，并在全国培养了一批实力很强的销售网点就证明这一点。

近几年市场又在变革，特别是我们国家在中长期教育发展规划中明确提出，要大力发展职业教育，各地很多专科及中专学校都合并成了职业院校。经调查山东省有 85% 的中、高职院校都以培养专业职业技能为目标和因就业形式的需要，基本上都开设了与汽车、公路有关的专业，如：汽车电器、汽车检测与维修、汽车服务工程、汽车保险与理赔、公路工程等课程。无论是办学规模，还是有关汽车、公路和物流课程都在学校占有相当大的比例，所以汽车、公路及物流中、高职的教材需求量都很大。虽然我们交通版有关专业中、高职教材无论是内容种类、编写模式、作者队伍、图片质量等均优于其他出版社，具有无可比拟的优越性，但这些学校大部分不属于我们熟悉的交通系统，（属劳动系统较多），造成了这部分中、高职教材严重流失，使我们交通社教材市场占有率和份额一度急剧下滑。

形势所迫，生存和发展的需要，观点和理念一定要变，真正的"教材总代理制"不实行不行了，必须要实行了，必须要主动出击，要培育我们自己教材市场。在这方面发行部张大勇主任看得很远，研究得较深，经常说：你编的教材质量再好，学校老师看不见有什么用，学校不选用我们的教材，经销商怎么提高销售码样？不实行代理制谁给我们跑市场，谁肯花钱又费力去全国各个学校带着样书去推广教材，很重要的培训计划和专业课老师的信息谁来提供？事实证明光靠出版社和编辑的力量是远远不够的。

这发行工作的第三步（阶段），正如王振军副社长所讲，实行教材总代理制是整个发行工作系统工程中的重要一环，教材销售和教材推广同等重要，要让营和销同步进行，只有责、权、利统一起来，让利于经销商，实现双赢，真正意义上的教材总代理制才有了新的内涵。只有这样才能调动经销商的积极性，只有这样教材推广才能由点（出版社、编辑）到面（各地的交通网点），我们才能上下形成合力，共同来培育我们的交通教材市场，努力来提高交通版教材在全国市场的占用率，只有这样我们才能生存，才能不断地创新和发展壮大，才能在激烈的市场竞争中立于不败之地。

（作者系山东交通学院交通书店总经理）

致人民交通出版社印务部

印务部全体员工：

你们好！在迎接人民交通出版社建社60周年之际，我们怀着深厚的感激之情，向你们表示热烈的祝贺，并致以最亲切的问候和感谢！

在过去的时光里，你们坚守在人民交通出版社艰巨的岗位上，保持和发扬着艰苦奋斗的优良传统。在图书印制和出版的工作中取得了显著成绩，大大提高了图书出版质量并缩短了出版周期。在图书工艺研究、生产技术、印制管理、成本核算、支持各部室、帮助各印厂的工作中，做出了巨大贡献。尤其在图书印制的高峰期，更是投入到紧张的工作中，随时加班加点不辞辛苦。每次都快速准确地安排好每本图书，出色地完成各项任务。你们是我们各印厂学习的榜样。

自2004年5月，本厂书刊印刷从和平里全部搬到通县宋庄，已经过去8年了。回首往事，无论在印制的业务量，纸库的工作和对印务公司的管理指导上，你们都给予了我们极大的帮助。我们双方凭着相互的理解和信任，共同努力克服了印制工作中的种种困难，合作愉快地走到了今天。我们深深感到，书刊印刷能够走过这最艰难的八年，是依靠本社的大力支持和帮助，没有本社的支持和帮助就没有我们的今天。

为此，在人民交通出版社建社60周年的时刻，我们向本社各位领导、全体员工、印务部的各位同仁朋友，表示我们最衷心的感谢和深切的敬意！

（北京交通印务实业公司）

书稿进京记感怀

刘玉璋

（一）

我是1949年1月由供给制参加革命的老同志，除文革被下放农村八载外，长期在基层从事公路养护、公路工程工作。曾任职过县人民委员会交通科副科长；锦州市交通局公路工程队队长；锦州市公路工程队党总书记等。

今离休荣退后，有幸二次来到人民交通出版社。原想看望一下当年帮助组稿的老编辑，不想巧遇到现出版社谭鸿副社长和召集来的张斌、姚亚妮同志。特别是和谭副社长刚在门口会面，便一见如故，情真意切，好像是多年未见的老朋友，好长一段时间延误了副社长和外边贵客会见的时间，主动陪我们立刻返回会客室，安排姚亚妮、张斌同志端茶会面谈心，并请我写一篇纪念出版社成立六十周年的文章。

我是于1956年初，曾由义县团干部调至义县人民委员会交通科，任路政科科员工作。虽然我不是公路专科毕业，业务又很生，但正赶上不久辽宁省交通厅在北镇、北票县召开公路现场观摩会，推广了“乡办县指导”的作法，使我们受到很大的启发。于是在1957和1958年间，在中共义县县委领导下，结合本县具体情况，采取了一系列改进措施，摸索创造“乡办县指导”修养道路经验，从而发挥了基层组织和广大群众的积极性，发展了地方道路。达到了乡乡有公路、社社通大车，基本上建成了道路网，从而改变了新中国成立前交通很不方便的面貌，把大批劳力从“肩挑背负牲畜驮”的方式解放出来，活跃了城乡物资交流，有力地支援和促进了工农业生产和人民物质文化生活的改善。

为了交流经验、互相学习，我们将义县修养道路作法写成材料上报给辽宁省交通厅。省厅让我们带着材料出席全国交通工作会议，会上人民交通出版社让义县同志将此材料扩写成一本小册子报告，经审阅同意后可印发全国。

会议结束后，义县领导研究责成我完成此项任务。当时我们科内只有我和一名刚毕业的公路技术员主抓公路工作，因他的写作水平欠缺，所以就由我承担此项工作。

我经过了一个多月写作，终于将初稿初步完成。当时书名写的是“义县人民委员会编”，后来拿到省交通厅审核。省厅领导说，你们以自己名义写不如以省厅名义写有力度，最后确定了辽宁省交通厅编印。

初稿经中共义县县委和省厅领导审阅后，我便带着辽宁省交通厅亲笔信前往北京人民交通出版社。当时正值国家困难时期，我在出版社住了16天，经与公路编辑室主任黄光正等同志反复修改后定稿。我在出版社修改稿期间，只花全国粮票，伙食费由公家报销。

我离京回县后，又蒙出版社特邀，又以义县人民委员会交通科名义写了“人民公社交通建设规划”，连同辽宁省交通厅编“义县乡办县指导修养道路经验”两本书均于1958年12月出版，新华书店发行。

辽宁省交通厅专门召开了全省公路现场会议，奖给义县政府人民币五万元、解放牌汽车一辆。省交通厅张苏副厅长出席会议。我本人提为义县人民委员会交通科副科长。

今年欣逢人民交通出版社成立六十周年之际，我为全社出版的各项成就而欢欣鼓舞，诚挚希望出版社未来更加光大辉煌，“路阔千车畅，心宽万物容”。

（二）

献身给公路事业留存于“作家出版社”、“文联出版社”等的诗词、格言

诗词：

赞 筑 路

似生双翼乘东行，未启帆锚动远情。

赤县山川连一气，条条动脉纵横通。

歌 架 桥

河，奔腾浩荡闲庭过，搏激流，砥柱九天落。

河，妩媚多姿燕奇色，卷狂飙，彩虹清波卧。

河，横跨天堑通途阔，开新宇，青史颂赞歌。

格言：

清风盈两袖，细雨润丹心；

淡泊生元气，公廉壮党魂。

书林无际，志远人痴迷博览达彼岸；

学位有阶，勤业者不倦攀登跃云天。

标新建树鹏程远，睿智公廉出口碑。

（作者系辽宁省锦州市交通局公路工程处原党总支书记，离休干部）

感恩护我茁壮成长的“老船长”

于艳军

人民交通出版社是一个老社，在出版界特别是科技类出版社中是成绩非常突出的。与她产生合作是我公司刚刚定位找到方向那会儿。我是1997年留京的大学生，刚毕业时年青，自负心强，一直在股市里混，成绩还不错，但2001年股市塌了，我也没扛住，成了穷光蛋。两年多，一直没缓过来，年青青的头发也掉了，颓废的很，看着空空的双手，想着家里的老人与孩子，确实到了生死关头，熬不过去行吗？得拼、得活着呀！

借的钱，三万块！注册了一个公司，叫“北京世纪华海文化发展有限公司”。起初也不知道干什么？脸皮奇厚，到处求人，逮什么干什么。2004年和2005年勉强能糊口，到2006年32岁，突然间就怕了，这有今儿没明个怎么能长久呢？踏实点选个方向吧——书籍装帧进入了我的眼帘。那时我就有1个雇员，北京东方文化艺术学院毕业的一个山东女孩，人踏实，肯干，有能力，特别能吃苦。

机会总是留给有准备踏实肯干的人。记得是那年夏天，交通社综合室的张主任找我，说小于你们一直干封面、干彩色书，有一个活能不能接？那套书的责编姓乔，我管她叫乔大姐，人特好，特善，是传说中的那种贵人。那套书是交通部领导主抓的"《21 世纪交通文化建设研究与实践》系列丛书"。这套书品位特讲究，文化气息也地道。头一本书叫《航标文化》。命运也算照顾，刚巧我是学文的，上学时算是个文艺青年，特别喜欢读书，哈哈，那点底子受乔大姐启发引导也蹦出点创意火花。23 本书采用统一规格、版式；封面颜色米黄色，代表大地，因为普通的理解火车啥的都在地上；封面黄地儿上印竖暗纹，代表道路也代表发展；主图采用版画和磨砂画的效果结合以怀旧手法呈现，体现交通文化载体的记忆与发展。

封面好不容易通过啦，版式却更显难题了，23 本书呀，调成一种版式，要规范也要好看，书名、大标题、二、三、四级标题，分栏、文图摆放、注释、说明，图片处理，底色调配，字色区别区分。那时我们几乎不休息，每天工作量超级大，乔大姐那时常驻我们办公室和我们一起研究，给我讲解文章的内容主旨，启发我们的设计灵感。那种认真精神使我们巨震撼，总是带着疑问不由自主地问她："乔姐，这样工作，这种强度，我们年轻人都快顶不住了，你咋还这么精神呀！"。她看了我们一眼，抿嘴笑了，说："要对得起买书人看书人对得起作者，交通出版社的每一个编辑都是这么做的！"

多么朴素的精神，多么可贵的人呐。与乔大姐和交通社接触我们时常感动，也深受影响，之后的三年合作中，一直没敢懈怠，总觉得有一种精神鞭策着我们！这套书结果很好，在交通社和交通部都获得了好评。

这也让我公司在交通社闯出了门面，打开了市场，接连作出了几份成绩。2009 年我们与吴有铭主任合作的《中国当代铁路客站设计理论探索》，彩色排版，获得一等奖。

2012 年与交通社合作出版《创新的中国桥梁》外文版。

春去秋来，转眼 2012 年又到了仲夏。畅想与交通社合作的 6 年，那是我公司起步成长和发展的 6 年，值得纪念值得记忆。截至目前我们与社里 4 个部室建立了业务关系，量不大但都很稳当和持续，且我公司这期间也得到了发展——黑白排版员12人，设计师与彩色排版员4人，办公也搬到了；东城区雍和艺术区雍和家园，办公面积已达220平方米，各种复印、打印设备齐全，能够完成出版社各个环节的辅助服务；干活的特点是细致，能抢活，也能拼活，显然被交通社的工作要求和精神给传染了。这些软硬件条件奠定了我公司市场扩业的基础，目前我们已经成为人民交通出版社、中国石化出版社、中国石油工业出版社、文物出版社、中国中医药出版社、中国言实出版社长期业务合作伙伴。年产值已破350万元。其中交通社几年来给我们的支持很大，而随着我们由封面、彩排及黑白排的被社里认可，我们的合作还会不断扩大。

衷心地感谢、感恩人民交通出版社对我及我公司的关爱；感恩的心必将化为精致服务的动力。我们祝福60岁的交通社越来越壮大，越来越美好，也更祝愿她那种对待服务厂家“拉、帮、带、教”的工作方法，代代相传。

相信，无数的感恩也会代代传承，那种祝福的愿望，必将催使这充满人性光辉的出版社不断走向辉煌。

（作者系书蠹虫文化公司总经理）

沧桑六十载,桃李遍九州

赵刚林

沧桑六十载奠基人民交通,桃李遍九州见证知识中国。

在党的十八大召开之际,人民交通出版社迎来了她60周岁的生日。60年风雨兼程,上下一心,团结拼搏,开拓创新;60年负笈前行,一代又一代领导人用青春、梦想、智慧、汗水抒写了追梦的华章,创造了令人瞩目的荣光。这是我们交通人的骄傲和自豪,更是我们各经销商的骄傲和自豪。在此,我们世纪冠群(北京)文化传播有限公司全体工作人员热烈祝贺人民交通出版社诞辰60周年!

1988年,我们成为了人民交通出版社的经销商。时至今日,我们一起走过了24个春秋,风风雨雨,在出版社的各个部门的大力支持下,我们从一年销售只有几万元的小公司到现在年销售突破千万元的大公司,我们从一个仅几十平方米的简陋库房发展到几千平方米的正规库房;我们从纯手工操作发展到全科技化操作;我们从几个员工发展到六十多员工;是什么力量支撑我们跨过百般艰辛一步步迈向成功?是谁给了我们这么多的机遇？是谁给了我们这么大的挑战？是出版社，是人民交通出版社。我们在资金周转非常困难时期，是出版社给了我们赊销政策，我们才有底气大胆地去发展市场，开拓市场。

记得那一年冬天，那一天，大雪纷飞，风刺骨的寒冷，为了给一个客户发几个快件，需要到北京站去办理托运。那时我们还没有自己的运输工具，大多都是租车，那天的雪特别的大，在寒风中我瑟瑟发抖，等了将近一个小时也没打到车。在那样的大雪天气，路上出租车也见不到几辆。那时候出版社在和平里一个三层老楼里，一共3件书，我记得很清楚，是出版社郭平老师用自行车一边挂一包，上面放1包，我在后面扶，郭平老师在前面推，在漫天风雪中我们两个人踏着齐脚踝的大雪，蹒跚地一步一步艰难前进，一起把我那3件书送到了和平里104路车站。从出版社那栋老楼到104路车站也只有五六百米的距离，由于路很滑，雪很大，我们走了将近20分钟才到车站，郭平老师一直等来车了，帮我把这3件书递到车上才拍拍身上的积雪向我招招手转身离去，那一次我至今难忘。这就是交通人的朴实、对客户的真诚。那一刻，我感受到了寒冷冬日中无限的温暖，20年过去了，仿佛就在昨天一样。

在我国市场经济的快速发展中，图书市场也迎来了“千帆竞发、百舸争流”的竞争局面，其中有机遇也有挑战、有利益也有风险。为了抓住机遇，出版社采取了很多有利于经销商开拓市场的举措，并让出更多的利润来激励我们，给我们信心和希望。出版社各项服务措施也逐步走向规范化，尤其是库房环境得到了很大改善，以前那非常拥挤的大屯库房给取书带来了极大的不便，从场地到配书到归类到装车各个环节非常的受限，现在的宽敞明亮的储运中心就太不一样了，各道程序有条有理，网上报单提高了客户提货的效率，给客户赢得了宝贵的时间，在第一时间内能查到库存状况，客户想要了解的备货情况、替代情况等都一目了然，这无形当中既给各经销商赢得了时间又让终端客户增加对经销商的信任和支持。不过也有一些不尽如人意的地方，希望进一步进行调整和改动，如在报单系统中有这样的提示：“码洋超过7万，请分多个订单提交。”我们也曾经和别的经销商交流了意见，也觉得此条限制有不妥之处,如果我们将一家客户的订单想一次性报完,拿到一张完整的进货清单会达到账目清楚,也更有利于清点、打包、发货。但由于这一条的限制,就会让我们在工作中增加一些不必要的繁琐程序。其他出版社目前没有这一条规定。单张进货单在几十万元那也是常有的事,尤其是高教出版社我们单张二三百万元的进货单每年都有好几笔。还有打开某种书名后会出现多条印次的信息排列在一起,有的库存为0,有的库存为5本、10本,这样同书名太多就达不到一目了然的效果,甚至在填订数时会产生一些误差。另外社里虽然每年签的合同里在销售上限制区域销售和折扣限制,但还是没有真正落到实处,为了维护市场的良性循环和均衡发展,我觉得不能跨区域销售和低折扣销售是个大问题,为了更好的避免这些恶性竞争,必须进行严格控制,目前已有个别经销商低于进货折扣4个点进行跨区域销售,这严重扰乱了市场的秩序和稳定。这个问题在其他出版社采取的有效控制办法是:凡是外阜经销商一律采取发货措施,一律对口发货,不允许自提或代发至非经销商所在的城市,显而易见,凡是自提或代发的就属跨区域销售行为;折扣规定,凡是对各图书公司或书店属批发性质的,一律不得低于进货折扣,凡是对终端客户发货的在进货折扣基础上应高于三到五个百分点发货,如遇不按规定折扣进行销售的属恶性竞争行为;社里要设置举报电话,一旦举报就要追究查实,一旦查实将降低该经销商的百分点的奖励,严重的将取消经销商资格。还有一些细节上的问题就不说了,任何事情不会做得那么十全十美,出版社能精心策划,为我们打造这样的一个平台,我们更要不断改革、发展、创新理念和思想。适应复杂多变的市场形势,为客户提供全优化的服务。进一步赢得客户的信任和支持,争取更大的市场占有率。

回想我们共同走过的岁月,有多少往事值得回忆,有多少往事让人留恋。在出版社的真情鼓舞下,我公司业务步步高升,没有交通社就没有我们世纪冠群,没有交通社的大力支持更不会有世纪冠群今天的成就。看着那么多饱含汗水和辛酸的荣誉证书,我们所有员工都感到自豪,感到骄傲,那一张张荣誉是我们的共同努力,有我们的辛劳和智慧,是出版社给了我们拼搏向上的动力。我们冠群人和交通人紧密相连!

借此机会我们冠群人向交通人致以衷心的感谢和问候，祝福交通社繁荣昌盛，祝福交通人幸福安康！交通出版社风风雨雨走过了六十载，历经了沧桑，创造了辉煌。值此交通出版社60岁诞辰之际，我要献上我由衷的赞美和衷心的祝福，祝愿交通社的明天更加美好！

永远的中国！永远的交通！我为你自豪！

（作者系北京世纪冠群文化传播有限公司总经理）

专业·执著·奋进

——祝贺人民交通出版社成立60周年

胡学平

当我们行进在一望无垠的原野或者崎岖坎坷的山野丛林,当我们在繁华都市的十字路口,我们时常会翻阅随身携带的地图,以便我们能以最佳路线顺利穿行而不至于迷失方向。日常生活中的芸芸众生也许不会想起该地图的出版者,而作为从事图书发行行业的业内人则更为关注,这其中就有人民交通出版社。

谈起人民交通出版社,我时常会充满着感情。我从事图书发行行业二十多年,几乎无时无刻都在与科技类出版社打交道。就我所知而言,这二十年来,随着国内出版发行行业的大开放,许多科技类出版社在激烈的市场竞争氛围下悄然转身,跨类别出版图书的越来越多,大多数科技出版社已成为涵盖各类图书的综合出版社。而在此背景下,一直坚持走专业特色、出精品图书的出版社已为数不多。人民交通出版社一直以来则坚持“立足交通、服务交通、服务社会”为宗旨,硬是在专业图书领域闯出了一片天地。据不完全统计:该社年销售图书码洋近5亿元,在众多科技类出版社的排名中稳居前列。

《实用交通中国地图册》、《中国公路营运里程图集》、《中国高速公路及城乡公路地图全集》、《安徽省公路里程地图册》、《道路危险货物运输从业人员培训教材》以及各类公路、水运、建筑类教材，这一本本精品图书对我来说再熟悉不过了。

交通出版社的发行渠道为新华书店系统和交通书店网点。新华书店走向市场的步子要晚于交通书店网点。为扶持新华书店系统，社里在发货折扣、到货速度、回款周期等各方面给予了我们大力支持。记得五年前，我们争取到一家单位订购《道路危险货物运输从业人员培训教材》1000册，由于客户压价，同时对到货速度要求很苛刻，在保证货款安全的前提下，我们向分管安徽业务的闵杰作出降低折扣及直发客户单位的请求。在时任发行部领导刁哥（刁乃杰）的大力支持下，我们顺利地完成了销售任务。

近年来，随着网络书店的风起云涌，地面店经营难度越来越大。为了挖掘卖场潜力，我们加大了对全省分销门店的数据监控。为配合我们做好销售，张维青同志前后多次到我省各卖场进行现场调研，在传递出版信息的同时，根据各卖场进销数据分析，做出合理化配货建议，受到我省各级门店的好评。眼下，网络书店的折扣战愈演愈烈，给我们实体店的经营造成非常大的困扰，交通社的领导给了我们鼎力支持。今年5月份，我集团下属合肥公司参与安徽万通汽车专修学院教材招标，正是在王济平老师的大力支持下，合肥公司才顺利中标。

朋友相交贵在相知，在出版社有困难时，我们也同样给予支持。每年年底，在制定回款计划时，我们都优先考虑对人民交通出版社这样的品牌大社给予及时安排货款。

前不久，我带领我们马鞍山市的三家图书馆去北京采购，基于客户需求，我们没来交通社，但刘建荣同志依然热情地接待了我们一行，在此致以谢意。

友谊是合作的桥梁，相信我们在以后的岁月中会更加珍惜彼此友情，扩大合作空间，让更多更好的交通版图书遍布江淮大地。

六十载风雨出版路，六十载耕耘写华章。如今，在各大图书卖场，放眼望去：公路、桥梁、交通地图类图书都唯交通社独尊

潮平两岸阔，风正一帆悬。愿人民交通出版社的图书出版发行之路越走越宽。

（作者系安徽新华图书音像连锁有限公司业务经理）

感　想

程　秀

今天，我怀着敬意写下这一篇文字……

今年是人民交通出版社建社 60 周年。很荣幸，今年我们书店被评为“金牌书店”。作为人民交通出版社的经销商，我们感觉很高兴，也很意外。我认为，经营企业，就应该稳中求胜，不断取得进步，所以对这一荣誉感觉得到的有些惭愧，比起同行我们还有很大的不足；另一方面，这些年出版社的各位老师也给了我们书店很大支持与帮助。时光荏苒，转眼我们书店开业至今已经走过了 11 个年头，这其中我们从不懂图书，摸索着经营（包括经营出租小说以及文化用品），到确定了我们只做专业图书的经营理念，这其中都离不开交通出版社各位老师的帮助，同时我们也感觉到，只有加入人民交通出版社这样一个有凝聚力的团队，企业才有长足的发展，书店业务才能稳定增长。

同时，这些年，人民交通出版社领导的营销理念也给了我们很大的信心：1. 结合市场需求出版优质图书；2. 出版社领导积极听取市场反响，改进图书发行中存在的不良销售渠道，给我们这些只做正版图书的网点发展创造了机会，也给予我们继续在专业图书市场经营的信念。在这里我想所有的网点经理人心中都是感激的。但是，作为经销商也要时刻提醒自己记得市场生存法则：合作才能共赢，信用是企业的生命！

我希望，在将来的图书市场上，更多的读者选择我们人民交通出版社的专业图书，在所有工程人员心目中树立交通出版社的金字招牌。

滴水汇成泉，百泉汇成川，千川汇成海。在此我祝愿人民交通出版社在接下来的岁月里成就辉煌，继续打造中国图书的不朽篇章！

（作者系福州交通水利书店总经理）

难忘的小事

陈　彪

屈指算来我负责交通社的业务已经有6年,一路走来有艰辛有困难，但更多是喜悦和收获。刚接交通社的时候，对交通社的业务一窍不通，交通社主要出的是交通方面的专业书,专业性很强，我学的也不是这个专业,也没接触过这方面的专业知识,对于我这个采购业务员来说,采购添货无从下手，对知识的不了解，对书的陌生,加上平时工作量的繁重，交通社的工作始终无起色,心里感到窝火，但又无法施展。在这非常艰难的时候，交通社负责浙江的王济平老师来到了杭州。济平老师负责浙江多年，对书的认识和对市场的了解和把握确确实实是个行家里手,他抱着热情耐心的态度，从交通社书的结构知识给我讲起，从书的分类和书的读者群体一本本分析、讲解,结合我们浙江的经济发展,把交通社的书的特点特色说得清清楚楚。有一次,济平老师给我讲解添书的频率和数量,配书的地区对象,不知不觉地讲到了晚上，都忘了吃晚饭,当我们就在小摊吃面的时候,已经繁星满天，现在想来真是感慨万千。

在头两年时间，济平老师频繁来到杭州，一步步手把手地帮助我，使我的业务水平得到了提高，浙江的销售市场也得到了长足的发展。近三年来，销售始终保持每年 20% 以上的增速，特别是今年上半年交通社的销售井喷式的提高，在我省取得 70% 以上的增长。

感谢交通社，感谢济平老师，给我们浙江和我带来这么大的支持和帮助，不但使我们的销售得到极大的增长，满足了读者的需求，也极大地帮助了我的成长。我希望能和交通社和王济平老师一如既往地甜蜜合作，把交通社的书做得更好更多，促进物质文明和精神文明大发展。

（作者系浙江省新华书店集团有限公司业务经理）

我与交通出版社这18年

肖　欣

1994年,新华书店重庆发行所成立图书批销中心,我也从发行所其他部门调任图书批销中心副经理一职并主管业务工作。我干的事情主要就是与全国各地的出版社联系科技图书登上《科技新书目》的征订和本中心的图书、教材进货。从此,我与人民交通出版社就结下了不解之缘。与交通出版社许多同仁建立了深厚的友谊。

90年代初,书店与出版社之间订单、查询回复、结算书款等必须依靠信函往来。没有传真,我们整个中心只有一部可以打长途的电话(需要拨区号)。因此,双方业务联系只有书信之缘,对出版社的印象主要取决于出版社这个业务员的那一手钢笔字。每一届的北京订货会就是我与出版社代表唯一的交流机会。但那几年北京订货会的光景可真是万人涌动,购销两旺。会期就几天,几百家出版社的书目都得连夜处理。因此,除了抓紧填写订单就是只能与出版社业务员匆忙见上一面,握手寒暄而已。由于属于新华书店系统,只要订货,出版社都会及时发书的,大家都是国有单位,因此并不因为发不发书、收不收得到款而主动取悦对方。现在回想起在新华的日子,我与交通出版社的关系还真算得上是君子之交。

人民交通出版社对于我的帮助还是从我自己开办书店开始。1999年,本人在重庆沙坪坝区开办了一家真正属于自己的科技图书零售门市。面积约1000平方米左右。在这以前,我本人与李贵新先生的关系还属于电话无数次,握手三五回,尚未同过桌的神交。因此,第一次以个人名义向交通出版社要书,其心情的确是忐忑不安的。哪想没过几天,李贵新来电话,当询问了书店的情况后,针对重庆市场情况和我们书店的地理位置,热情主动地帮我重新修改订单。不久,第一批人民交通出版社的图书以专柜的形式出现在重庆第一家民营零售书店里。2000年夏,李贵新和李清专程来书店走访,了解交通社图书的销售情况,对我们的门市零售业务提出了许多指导意见,实现了新书主发。此后多年,出版社每年两次派人走访几乎已成常规。张新、张晓东、刘建荣等都成了我们书店的坐上宾客。他们每一次来店其实都很忙,总要在本版图书专柜前亲自动手整理,同时还把全国交通版图书零售信息和经验及时介绍给我们,热情指导我们营业员如何上架,介绍交通出版社的新书、重点书以及教材的出版变更情况。交通人对待工作的敬业精神实在令我们深感钦佩。

人生最大的财富莫过于别人对你的信任。回想当年自己创业之初,面对的困难实在难以想象。交通出版社在我最难的时候没有提出任何附加条件地帮助了我,正犹如雪中送炭。其感激之心至今难以忘怀。也正因为当年交通出版社的支持和信任,造就了我们书店今天的事业。奠定了我们书店与人民交通出版社长期友好合作的基础。

2008年,我们书店从图书零售转向高校教材经营后,我们与人民交通出版社的紧密合作又进入了一个崭新的阶段。承蒙出版社的信任,2010年我们被授予了可以在交通出版社订货网上直接下单的资格。那一年,出版社发行部刁乃杰、张大勇两位主任分别来书店考察,在对我们书店给予了较高评价的同时也为我们指明了未来合作的方向。2011年我们书店被人民交通出版社赋予了重庆地区交通版学历教材的地区代理资格。我们与交通社从普通的供需业务关系上升到共同开拓地区市场的同盟关系。我想,一个出版社能把一家普通的民营书店当成自己人并且把某一地区的市场代理权交到这家民营书店手中,足见交通出版社的领导们具有多么大的胆识和气魄。因此,每当想起出版社领导和同仁们对我们的信任和希望,本人深感责任重大,不得半分懈怠,唯有勤奋劳作方能回报出版社这些年来对我的支持和帮助。

这些年来,眼看着人民交通出版社一步一步的发展,事业如日中天。我相信这是人民交通出版社几十年来不断对全国图书市场的辛勤耕耘和良好人脉培育的结果,更是人民交通出版社集体智慧和集体创作的必然。我们这个山区小店也随着交通出版社事业的发展而发展。每当看到人民交通出版社茁壮成长,在业务上取得一个个新成绩的时候,我庆幸自己这一生依靠了一棵好大树,融入了一个好团队,交上了一批好朋友。

60 年人生一花甲,但对于人民交通出版社,又是一个新的起点。愿交通人那胸怀宽广、待客厚道、坦诚务实的经营之道发扬光大,愿交通人那编撰严谨、崇尚科学、坚持真理的出版品格一如既往,愿人民交通出版社那不断创新、努力进取的精神在一代又一代的交通人手中薪火相传,愿人民交通出版社前景更加辉煌。

(作者系重庆沙坪书店有限责任公司总经理)

与交通社同行二十年

周世雄

光阴荏苒，蓦然回首我公司已与人民交通出版社整整结下了二十年的不解之缘。回首往事，仿佛一切都刚刚发生清晰地浮现在脑海中。在交通社六十华诞之际，作为长期合作的伙伴，我想回忆一下二十年来的一些往事，顺便给交通社提点小建议。

我们杭州钱江科技图书公司成立于1992年，是一家专业从事建筑、交通、电力等工程建设类图书发行的单位。至今已荣获建筑类图书主要出版单位——中国建筑工业出版社、中国计划出版社全国先进发行单位“十五连冠”。同时我公司是交通社“AAA”级经销商，曾多次荣获交通社优秀经销商荣誉。2011年被出版商务周报、发协非工委评为年度最佳专业书店。

我公司虽早就与交通社建立了合作关系，但作为建工网点刚进入这块市场时既觉得发展潜力不小，又感到有些陌生。进入新世纪后根据市场发展和读者需求的情况，交通社发行部除原有交通网点外，重点拓展了包括建工网点、教材网点等新的发行渠道。刁乃杰主任、张大勇主任为激励新发行渠道发展，提出无论原来是交通网点还是其他网点，现在都是交通社的发行网点，政策一视同仁，这给新网点吃了颗定心丸。在两位主任和济平老师、李清老师、照娟老师等的关心帮助下，我们发挥自身网点覆盖和服务上的长处，实现了稳步增长。尤其是在近年来国家交通建设大发展的大形势下，我们紧紧抓住发展契机和读者对大建设、大土木图书需求相互交叉融合的趋势，在交通社公路、水运、土木类图书发行上取得了可喜的成绩。

近年来交通图书发行中出现了一些新的情况。一个是原有发行网点过多过散、网络价格战等引发过度竞争乃至恶性竞争，使发行单位难以获得合理利润实现可持续发展，最终将会影响到出版社的整体发展。发行部早就注意到了这个问题，已分批对一定发行量以下的网点进行了清理。这方面我们想向社里提些建议：一、是否能够考虑尽快制定交通版图书销售折扣管理办法，针对各类别图书根据其特点制定相应的折扣限制。对于公路类图书等价格需求弹性不大的刚性需求产品，应严格限制销售折扣。同时对网络和实体书店销售应统一价格体系。二、继续提高准入门槛，扶持长期诚信合作、具备实力的单位做大做强。

第二个是盗版现象已渗透至公路类畅销图书，盗版分子紧盯畅销图书上市同步盗印，并以极低价格向各书店推销。针对目前这种复杂情况，我们建议是否能够考虑增强打盗维权力量，一方面加强对各地书店、网店的日常巡查，另一方面加强对重点案件的查处。

我们与人民交通出版社不知不觉已经一起走过了二十年，今后我们将一如既往地与交通社紧密合作，共同走向更美好的未来！

（作者系杭州钱江科技图书有限公司总经理）

共同的事业

徐　娟

真诚的祝愿今年是人民交通出版社成立60周年华诞。首先向人民交通出版社的各级领导、各位老师表达我真诚的敬意。作为一名风雨同舟二十年的忠诚的经销商,在此向出版社致以最美好的祝愿!

蓦然回首,20年前,我与人民交通出版社结下了深厚的缘分,从此由一名四川交通战线的年轻干部变成了人民交通出版社的一位经销商。20年来,亲眼见证了几代交通出版社人立足交通行业,秉承志趣正大,才识恢弘,诚实信用,严谨精进的精神,出版了大量深受读者喜好的精品优质图书、规范、标准等等,其品牌地位在交通行业广大读者心中是不可撼动的。人民交通出版社60年的历史可以说是骄傲的历程,为中国交通事业大发展做出了应有的贡献。一代代交通人读者交通图书成长为交通建设和管理的栋梁之材,一个个普通老百姓读者交通版的安驾教材,成为一名名讲文明、有素质、驾驶技术过硬的合格驾驶员。

这正好印证了我们人民交通出版社宣传语:伴千万交通人成长,助数亿出行者愉悦!

所有的成就其间也包含了无数和我一样的出版社忠实的合作伙伴的艰辛劳动。我们与出版社精诚合作,相伴前行,风雨同舟几十载,通过各种销售渠道、销售手段,把交通出版社出版的一本本作品送到终端读者手中,在交通图书与广大读者之间筑起了一座畅通的桥梁,使出版的图书的最终价值得以实现。出版社的经销企业也在年复一年、日复一日的工作中得以生存与发展,不知不觉中经销人民交通出版社的图书成了我们一生的事业,所以说,人民交通出版社的事业是我们共同的事业。

在携手前进中,我与出版社在相互诚信的基础上,形成了良好的互动和默契,结识了许多良师益友。我们一起探讨图书零售,店面的摆放,走访客户,开展巡展,调研市场,组织各种研讨会,开拓教材市场。与出版社不断地精诚合作,资源共享,各尽所能,共同发展。

近几年,成都交运图书与交通出版社加强合作,在社领导的正确决策下,在大家共同努力下,开发了一系列全国中等职业院校教学改革规划教材,探索出一条出版社、经销商与学校共同开发编写中等职业教材的新模式,从而快速大幅提升了交通版中职汽车教材的市场占有率。特别是十几年来,一直真诚服务于四川运管行业。漫长岁月中出版社的各级领导,汽车室的同志们和我们一道齐心协力共同维护,大力宣传,做出了大量艰苦细致的工作。这些共同的努力才迎来了今天四川运管行业对交通版安驾教材的大力支持与高度认可,我们的教材也得到广大学员的欢迎,大大提升了四川驾培行业的整体培训质量。在我们收获之时我们充满感恩。

60 年弹指一挥间,交通出版社走过了峥嵘而光辉的历程,而今的图书文化市场竞争越来越激烈,我们任重道远,一刻也不敢懈怠。我愿一直追随交通社,经销交通图书将是我终生的事业。衷心希望今后的岁月里,人民交通出版社和经销商之间更加紧密合作,加强沟通,恪守诚信,互利互惠,在共同的目标下,开拓前行,共谋发展!真诚祝愿人民交通出版社在未来的60年,更加展现出和谐之美,活力之美！祝愿各位老师各位朋友健康幸福！祝愿交通出版社再创辉煌！

（作者系成都交运图书文化传播有限公司董事长）

在出版社的呵护下一路走来

“六十”对于中国人来说有许多特殊的含义，每一种含义都表达辞旧迎新、继往开来的意思。在天干地支的算法中，每六十就是一个甲子，每个甲子都意味着天地轮回又重新开始。孔子曰：“六十耳顺，声入心通，无所违逆，知之之至，不思而得也”。一个甲子过去，对个人来说，如果生理上不受生老病死的自然规律制约，人的见识、智慧该是炉火纯青，阅历无数、处事老练，思维至精至密，无与伦比的境地。六十年，对于一个单位一个组织而言，应是根深叶茂，根基雄厚，正值承前启后，大展宏图之时，六十而立也。在出版社六十周年之际，我们作为出版社在上海地区“安驾系列教材”唯一的授权经销商，特向出版社庆贺、祝福。

上海公司虽成立数年，在“安驾系列教材”的推广营销中取得了些许成绩，但任何点滴成绩的取得都离不开出版社对我们的精心呵护，都凝聚了出版社领导多年的心血。尤其是上海公司成立之初，犹如一只嗷嗷待哺的雏鸟。在出版社的帮助之下，就如菜鸟遇到了一个身怀一个甲子功力的武林泰斗，对于我们这样的菜鸟，泰斗既没有高高在上，把我们弃之草野，也没有盛气凌人，对我们不屑一顾。而是热情有加，不遗余力地提携相助，扶持我们一步一个脚印，在高手如云、竞争激烈、环境复杂的上海逐步站稳脚跟，发展壮大，最终赢得一席之地。对此提携之情，我们除了感谢，还是感谢！

回顾公司的成长历程，曾数经起伏，在“安驾系列教材”的推广应用和销售中，有乐有苦，有高峰，也有低谷，有蒸蒸日上之日，也有一蹶不振之时。高峰也好，低谷也罢，这虽然是商海竞争中屡见不鲜的平常事，但当经历了高峰到低谷的青云直坠与低谷重回高峰的砥砺前行，非身在其中，恐怕很难品味出其中的三昧。常言“日久见人心，患难见真情”。对于经历了种种艰辛，起死回生的上海公司，感受尤为深刻。

记得2005年，正是“安驾系列教材”新版上市，也正值我国经济蓬勃向上之时，人民生活得到明显改善之际，购车学车之风开始盛行，与之配套的各种驾校如雨后春笋，应运而生。“安驾系列教材”新款的面世，为众多的初学者在安全驾驶方面提供了及时雨，护身符，也深受学员的好评。教材的销售如日中天，逐年递增，但好景不长，到了2008年，因受国际金融危机大环境的影响，同时因为在培训队伍中个别驾校，出现了浮躁和急功近利，重收费轻培训，重实操轻理论之风，干扰和破坏了驾驶员培训的正常开展，从而使“安驾系列教材”的销售遭受重挫。年销售量从2007年的339,420册骤降至2008年的84,339册，2009年更是跌至谷底，年销售量仅为37,874册，其中最低的月销售量竟不足1000册。这种情况的发生，对于当时拥有130多家驾校，月培训量不低于2万人数的上海着实开了一个天大的玩笑。

面对剧烈的市场变化，上海公司一时感到手足无措，没了方向。但正当我们极度忧虑、万般无奈之际，北京金飞图书发行中心领导知晓上海情况后，立即伸出了援助之手，不顾自身工作的繁忙，几度亲临上海，了解情况，与运管部门商量对策，常常是朝来夕归。中心领导急我们所急，想我们所想，并不时告诫我们，越是在困难时候，越是要勇敢面对，要立足自我，从提高服务质量、服务能力、服务水平上去赢得客户，赢得市场。

经中心领导的点拨，我们茅塞顿开，意识到提高服务质量，服务能力和水平不能只停留在认识中，重要的是要落实到行动上。“安驾系列教材”销量出现剧烈变化，固然有很多原因，但在我们销售环节中出现的各种矛盾也有意无意地助推我们销量下滑的速度，物流环节出现的矛盾在销售过程中最为突出也最为集中，常常因为送货不及时，卸货不到位影响了驾校的正常培训，引发了驾校的不满情绪，这些矛盾如不及时解决，势必会影响某些驾校对公司销售造成抵触，还会发展向上级部门投诉，可能引起社会不稳定的后果。以前的解决办法都是用经济杠杆单方面制裁物流公司而得以平息，但这种头痛医头、脚痛医脚的做法并没有从根本上解决问题。

如何解决这看似简单又长时间无法解决的顽症，考验着公司的智慧和能力。解决矛盾关键要弄清发生矛盾的内在原因。“送货不及时，卸货不到位”的发生，除了物流公司内部管理不善外，还与上海存在的各种现实情况密切相关。上海有驾校 170 多家，但驾校的规模培训能力千差万别，参差不齐，就订书来说，大的驾校通常一次订书在数千册，小的驾校只有数百册，甚至数十册，而驾校分布又很分散，大都在离市区较远的地方。对规模不大、订书又少且距离偏远的驾校，给物流公司在送货上确实出了一个很大的难题，送则亏本，不送又怕断了生意，只能采用拼车配送，但拼车需候机会要花时间，在货源不足时，就会发生延误。根据上海驾校情况，每次订书在 300 册（五包）以下的驾校占总数的 30%，而出现送货延误的也基本都发生在这些驾校，同时因为上海人力成本高昂，物流公司因为求生存节约成本，通常都雇外地员工，外地员工逢年过节都有回乡的习惯，加上物流公司在配员时都精打细算，这些都给解决送货不及时、卸货不到位设置了一道道的障碍。

针对物流公司面对的这些情况，单凭物流公司去解决和杜绝出现的矛盾已是无能为力。公司经反复论证，在取得出版社和中心领导的指导和支持下，作出了一个大胆的尝试，凡一次订书在 300 册以下的，均由我们公司负责配送。两年的实践证明，由于我们抓住了引发矛盾的 30% 群体，切断了引发矛盾的链条，从而使物流步入了正规，送货不及时的情况基本不再发生。同时我们又在中心的支持下，在北京选择物流公司时尽量挑有资质有信誉的进行配送，并用合同形式予以规范，从而解决了卸货不到位的矛盾。通过我们公司的努力和中心的大力支持，终于使物流环节的矛盾得到了有效化解。尽管在解决这些矛盾过程中，对上海公司来说，付出了很多，但就是这些付出，换来了客户的满意，矛盾的化解，销售渠道的稳定，以及客户对公司的信任。相比之下，这些付出是非常值得的。上海的销售市场在出版社领导的大胆设计，缜密策划，精心培育下终于迎来了春天。2010 年下半年开始企稳回升，年销售量从 2009 年的 37,847 册恢复到 203,200 册。2011 年又上升为 211,746 册。

回顾我公司一路走到今天，无时无刻不浸透了出版社各级领导和同志们为上海付出的心血和一路的呵护，每一点成绩的取得，都与出版社领导的独具匠心的设计和精心呵护密不可分。我们衷心感谢出版社，祝愿出版社在新的征途上更加阳光灿烂。

（上海杭嘉文化传播有限公司）

商道有情

花开花落，春去春来，转眼间凯鑫彩印同人民交通出版社合作已经步入了第5个年景，多年的合作关系让我们彼此相互了解，相互信任，人民交通出版社以人为本的文化理念，以及全体员工专业的职业素养深深地影响着我们。

凯鑫彩印作为人民交通出版社的合作伙伴，经过长期的磨合，已经形成了非常好的默契，交通出版社员工亲切的交流方式和严谨的工作态度给我们留下了很深的印象。印制人员在工作中定期到我厂对图书的印制过程进行把控，并且定期到大兴书库进行图书质量抽检，以保证从生产到出货的全过程不会出现任何的泄露。记得第一次印刷《中国高速及城乡公路地图全集》一书时，由于工期紧，工艺复杂，稍有不慎就会出现生产质量问题，为了顺利的完成任务，他们不厌其烦地与我方工作人员沟通，还派了代表到生产线进行质量把控与监督，最终得以顺利完成任务。与此同时也大大降低了我们的生产风险，提高了工作效率，人民交通出版社认真、负责的工作精神令我们工作人员敬佩，同时在无形中也提高了我们的服务意识。

2012 年 3 月 13 日，人民交通出版社组织地图人员到单位进行参观、学习活动。那一天他们早 9 点钟就已到我厂，随后一头扎进了生产车间，开始了对所有生产环节进行全面详细的了解学习，即使是对一些细微的不重要的环节也进行全面认真的了解，参观的时候许多人拿着笔记本记录所见所感，从 CTP 输出、制版、印刷、到后期折页，胶订和打包。他们在参观学习时，利用自己广泛渊博的知识，结合生产一线的实际情况，给我们提出了许多科学的、合理的、富有建设性的宝贵建议，使我们受益匪浅。午饭时公司原本计划是安排参观人员在外面酒店用餐以尽地主之谊，但是他们一致表示愿意在公司食堂同我们的员工一起用餐，并说：来公司参观已经给我们添加了不少麻烦，这样可以节省一部分时间用来学习生产的过程。人民交通出版社人员这种朴素、亲切的态度感动着凯鑫彩印每一位员工。

还记得 2009 年，在那个对于企业生存发展异常艰难的年份，众多的国内企业为了维护各自的利益，采取一些有损其合作伙伴的手段，他们在市场中各自为政，单打独斗。然而同样为了能够抵御市场经营带来的巨大风险，交通出版社和凯鑫之间采取了同舟共济的经营策略，虽然我们都面临沉重的市场考验，同样都有非常困难的时期，但是我们一致地选择了另外一条路，双方最大化的照顾了彼此，肩并肩，手拉手的去迎接挑战，充分显示了新时代的处理合作伙伴之间关系的新形式，最后双方携手走过了那段最为艰难的岁月，逆境见真情，从此奠定了我们之间深厚的友谊。

我们凯鑫彩印因有像人民交通出版社这样好的朋友而感到自豪，感谢交通出版社选择了我们，我们不会辜负出版社对我们的期望，我们会继续专注于印刷领域。

60 年光辉岁月弹指一挥间，2012 年您迎来了 60 岁的生日！谨此：凯鑫彩印送上最真诚的祝福，愿您在新世纪里继往开来、开拓创新、再续辉煌！

（北京市凯鑫彩色印刷有限公司）

锦程六十年　感恩有你

2012年，人民交通出版社历经60载发展路程，取得了不菲成绩，正满怀豪情迎来了她的60年华诞，值此业内各界欢庆之际，我们北京市密东印刷有限公司，作为多年的亲密合作伙伴，衷心的祝福她繁花似锦，蒸蒸日上。

1998年，北京市密东印刷有限公司经历了严格筛选，有幸成为人民交通出版社的印装供应合作伙伴。十几年走来，我们与她共同经历风雨，共同进步成长，我们深深感受到了交通出版人的专业精神和不断追求卓越发展的向上力量，这种精神和力量也时刻鞭策着我们不断提高印装技术水平，完善服务质量，只有这样，我们才能追上人民交通出版社飞速发展的脚步。60年来，人民交通出版社作为中国交通专业图书最权威的出版机构，凭借其交通专业特色在市场竞争中赢得了优势和地位，名列国内科技类出版社20强，迅速占领交通类图书市场份额且高居榜首，被新闻出版总署评为一级单位，被授予“全国百佳图书出版单位”荣誉称号。我们是这些傲人成绩的见证者，作为合作伙伴，能为这些成绩贡献我们的一份小小力量，我们感到无比自豪和感恩。感恩人民交通出版人的关怀和帮助，感恩交通出版人带给我们先进的理念，感恩交通出版人专业合作精神对我们的激励。

在这十几年的共同成长过程中，从最初的装订订单到现在的印装一体订单，从最初的几种图书装订到如今的上百种图书的印装，我们的工作也在不断迎接挑战。要时间、要效率、更要质量，这就要求我们采用新工艺、新技术，不断提高印装质量。为此，每年出版社会专门组织一次定点印刷厂联络会，倾听我们工作中遇到的困难，帮助我们分析问题，解决问题，和我们一起讨论印刷新工艺，新技术，带领我们从过去的传统胶片出版、制版，到现在CTP制版系统，既环保高效，又改善了图片层次和印刷质量。这些细致入微的平等关怀以及共同成长的提携，让我们感到无比温暖。

每年，《中国高速公路和城乡公路地图全集》都会更新出版，从每一张图片、每一个数据、每一个地名，出版社都会多次核对，对印刷的精度和质量更是精益求精，这种专业精神和对工具书使用者的高度责任感也让我们感同身受，不敢有丝毫懈怠。正是基于这样的精神，人民交通出版社，经过发展整合，建立了从高端精品图书到工具书系列品种适应了社会需求，实用需求，研究需求。为中国交通事业的发展提供了坚实的科学基础。

多年来的合作我们也深深体会到社里对我们的支持和鼓励，社里的宽严结合给了我们提高和发展的空间，使我们有了长足的进步。

感恩的心，感谢有你，感谢能拥有与你共同成长的历程！

我们愿与你同行！携手期盼人民交通出版社辉煌的百年社庆！

（北京市密东印刷有限公司）

服务与合作

印刷为出版服务,天经地义。但我厂与人民交通出版社的30年的交往,既有服务也有合作,非同一般。

我厂属乡镇企业,原名北京市牛栏山印刷厂,后改名为北京牛山世兴印刷厂,成立于改革开放初期的1982年。30年间我厂的发展大体可分为三个阶段:一、铅排、铅印和装订阶段;二、低速胶印机+装订阶段;三、不设装订的高速胶印机阶段。机群总数最多时达16台,甚至一度装备有轮转胶印机,月产量达2万余令。三个阶段分别由吴姓、杜姓和黄姓三位承包人先后经营管理。

回顾30年间我厂所走过的每一步历程,都与人民交通出版社领导和各相关部门的鼎力支持与热情指导密不可分。改革开放后相当长时间里,社会上流行着一种说法:“要发家搞印刷”。但是,印刷究竟怎么搞,对于我们所在的牛栏山乡(后为镇)先进村的干部群众还真有点“丈二和尚摸不着头脑”。就当时的社会上来说,铅排铅印师傅好找,但懂管理和经营者难求，找稳定的活源更难。据有关人员回忆，我厂的经办人员当时在万般无奈的情况下，仅凭一位师傅提供的社名和地址，直接闯到了人民交通出版社找出版社主任诉说我们试图办厂的企盼，希望得到社方的支持。不料出版社相关主任经向社领导请示后，不出半小时就给出了令我们十分震惊的满意答复。社方表示全力支持，并随即指定专人协助筹划办厂事宜。从车间布局、设备购置的规划，直至生产流程，各种业务人员的培训，乃至必要的规章制度的建立，无一不具体参加意见给予细致入微的指导，使我厂的经办人员十分感动。从而我厂得以在短短三个月内，即形成了包括铅排、铅印和装订三个车间，月生产能力达3000余令的生产能力。当时除偶尔承接极少量的社会印件外，几乎100%的活源都来自人民交通出版社。由此不难看出，没有人民交通出社领导和业务部门的全力支持，就不会有最初的牛栏山印刷厂。

时间跨入20世纪90年代，淘汰落后产能，铅排铅印退出历史舞台，印刷业全面进入胶印时代，社、厂关系更加密切。我厂全部更换成胶印机主要承担胶印印刷和装订任务。自此时起，本厂的经营承包人更换为杜名。不仅如此，更为值得一提的是，为引进台资，本厂一度以台商张先生一方，交通社和本厂各为一方，三方共同签订合作协议，成为北京牛山世兴印刷厂的共同经营者。随着胶印取代铅印，尽管我厂当时的主力机型以低速胶印机为主，机台数量变化不大，但实际产能已较铅印时代有较大增长。当时的活源仍主要来自人民交通社，各方保持着良好的合作关系。

90年代中期的1996年1月，我厂正式进入了大型高速胶印机机群阶段，其间还间或配备有高速轮转机。月产量最高时达到2万令。交通出版社的活源比例虽有所下降，但双方一直保持着良好的合作关系，本厂始终信守为交通社服好务的理念，交通社的急活、重点书，特别是规范和教材方面的重点书大都由我厂承印。每年年初的社、厂联谊活动也年年邀约我们参加，使我们在与其他兄弟厂家切磋交流中，受益良多。

“路遥知马力，日久见人心”。我厂与人民交通出版社在30年间“服务与合作”之中，双方都是真诚的，这段继续延伸的画面，着实令人愉快、令人回味，值得记上一笔。

（北京牛栏山世兴印刷厂）

社店诚信合作新模式

——与社店一起走过的日子

邱先贵

□把握机会

广东文舟公司成立于2005年1月，当时文舟公司销售交通版教材年度销售额仅50万码洋，刚好达到社里的开户门槛，经多次与社里相关业务负责人沟通交流，最终社里同意给文舟公司开一般教材户，但前提是把交通社当地网点的余款全部付清。经过一番努力，2007年，文舟公司与交通社正式建立了合作关系。

自合作以来，社里负责广东业务的张权经理每次出差到广东，都会与他详谈关于广东地区的教材市场情况，通过不断的交流、探讨、分析，让我对交通社的产品有了更深度的了解，并对交通社的专业性产品、终端市场在当地高校教材发展趋势有了很清晰的认识，同时思路也更加的明确，一定要有针对性的把专业性产品服务于终端客户。首先就在公司终端客户专业性较强且吻合交通社产品的院系里推广交通社的产品。功夫不负有心人，业绩蒸蒸日上，回款也能按社里的考核账期及时回款并达标。

2009年11月份接到社里张权经理的一个电话,听后非常惊喜,社里要召开全国交通网点会议,精选了部分教材经销商参会。广东省除两家交通网点,邀请教材经销商参加此次会议的仅我们文舟公司一家。

与交通社合作三年来还是第一次被邀请参加会议,合作期间去社里也较少,接触社里的人并不多。会议地点定在北京的怀柔,参加此次会议的有社领导、发行部相关负责人、编室主任、全国交通网点、教材经销商等。第一天会议报到,见到的几乎都是陌生的面孔,看到他们相互打招呼,相互交流,感觉自己在人群中好渺小,还涌出了一丝孤独感。第二天会议正式开始,上午是相关社领导对社里近三年的发展情况做介绍,记得印象较为深刻的就是韩总编辑做的PPT销售数据,演示各版块近三年的销售情况,唯独教材市场,也就是社里说的学历教材版块是处于下滑状态。当天下午是分组讨论,我分到第一组与社领导杨社长在一组。杨社长做主持,首先介绍了召开此次会议的意义和重要性,社里目前的局势该怎样走更好,希望大家给社里提出宝贵意见,出谋划策,语毕,大家都很安静,没有主动发言的迹象。通过这些年在教材终端市场所经历的,平时所做的,于是我主动先发表了自己的观点,目前出版社如何做到学历教材编、印、发,服务终端市场一体化,有针对性进行终端客户分析,举一反三的案例等。其他人也开始接话题,发表不同的想法与建议。

2010年4月份重庆书市前半个月,再次接到社里发的通知,到重庆召开全国网点会议,在这之前,我已安排好了出差行程,接到会议通知立刻调整行程计划,先到重庆开会。报到前一天,接到社里张权经理电话,说报到当晚约了王社长一起吃晚饭,让我晚饭前到达重庆。出发那天,天公不作美,但时间和机遇是留给有准备的人。上午,广州下大暴雨,航空管制,飞机不能正常起飞,一直等到下午还没起飞信息,心里十分焦急,到处咨询航班信息,刚好国航有一航班晚上七点能起飞,但仅剩下一个头等舱座位了,内心的欣喜溢于言表,便毫不犹豫地把票买了,到重庆已经是晚上九点多了,当时重庆天气也不好,大雨大雾。从机场到达宾馆已经快十一点了,张权经理和大勇主任直接领我到社长房间去了。见到社长时,都即将要准备休息了,但还是坚持要先交流。我把准备好的市场分析报告，在电脑里打开，一一讲解。差不多两个小时左右的交流，讲完后社长说了让我印象最深刻的两句话：一是，产品数据终端流向，就是社里一直想要建立的，要不然我们的产品卖给谁都不知道；二是，你明天不用参会了，直接可以去武汉了。当时想，我是不是做错什么，或者是说错什么了。后来社长说明天只是讨论会，你可以去安排自己的事了。那次算是和社领导的第一次正面交流。

2010年6月份再次接到社里通知，是通知我到北京签订代理合同。十分惊喜，也很感动，以广东市场格局来看还有几家公司比文舟公司更有实力，各方面都比文舟公司强，但机会却给到了我这个交通社的新兵。签约时间是6月13日的下午3点整，在交通社的会议室。签约仪式正式、隆重，还拉了签约仪式的横幅。社里由王社长代表签约，陪同出席的有市场部主任、发行部主任、总编室的副主编，还有几个编辑室主任等出席签约仪式，会议后合影留念。双方约定学历教材总代理从2010年7月1日开始执行，把广东省学历教材户渠道归口统一报订，各公司余款文舟公司协助社里收回，社里也给各书店下发文舟公司在广东教材市场的总代理通知。

这是文舟公司与交通社从开始到深入合作的全过程，社里给了我机会，我把握了机会，也创造了机会。

□支持力度

2010年7月1日正式开始实施代理相关事宜，我们跟广东每家图书公司主动交流合作，保证按时、保质、保量到货，做好后期服务。但个别图书公司当时不太理解及配合，并向社里发行部反应，社里相关领导及发行业务较关注此事，多次电话沟通、询问、了解。发行主任张大勇还主动提出，由我安排时间通知各公司负责人，交通社发行领导特到广东与大家聚一聚，以表示感谢大家过去对交通社的支持，希望一如既往支持社里的工作、支持文舟公司的工作。此举动让我非常感动，社里的真诚合作，以实际行动为合作方排忧解难，使各项工作顺利进行，达到社店相互支持、相互理解、共同发展的目的。

□改变市场

作为社里授权于广东教材的总代理，首要前提就是要开拓市场，公司特安排一名专人负责社里重点专业产品的营销推广，为终端客户提供优质服务，直接与各编辑室对接，交流各项信息。写到这里要特别感谢交通社中职部白主任，他是一位实干型的领导。2010 年 7 月份，白主任出差到广州，刚好周末，下大雨，中午我们约好见面，重点讨论广东中职汽车专业版块如何主动开拓市场。一是先进行市场调研；二是分析市场格局；三是召开广东省汽车专业产品教材研讨会；四是区域性校本教材建设。确立了以上几点工作计划，我们就开始一步一步落实，思路明确，定位精确，行动快捷。之后我们看到了市场明显的改变，每季度的销售额也明显提升。在这里再次感谢白主任及相关编辑老师这两年来与我们并肩作战，以及对公司营销专员的专业性指导，让我们不断的提高自我。

□社店共赢

深入合作就是共同发展，达到双赢多赢的局面。我们与交通社通过这种深入合作，达到了共赢的效果。只有共同协作，合作双方发挥各自的优势，你心中有我，我心中有你的高度合作默契，双方才能走得更远，才能在市场长驱直入，发展空间才会更大。希望通过共同的努力，与社里共荣共赢。

□感恩回馈

我常常怀着一颗虔诚的心感谢上苍赋予我的一切，感谢生命的存在，从不会刻意地去寻找感动，因为这是一种朴素的真实，一种心灵的撼动。

感谢交通社各位领导，各位老师合作期间对文舟公司的支持与关怀的点点滴滴，不论是面对逆境或顺境，这对于我们来说都是收获，人生成长路上的收获，希望今后我能尽我所能，为社里尽绵薄之力。

□祝愿贵社再创佳绩

让我们以六十年的积累与沉淀，六十年的真诚与炽热，六十年的坚持与不悔，携手奋斗，勇往直前，稳中求进，再创佳绩！

（作者系广东文舟图书发行有限公司总经理）